나는 인생에서 알아야 할
모든 것을 영업에서 배웠다

ALL I REALLY NEED TO KNOW I LEARNED IN BUSINESS

나는 인생에서 알아야 할
모든 것을 영업에서 배웠다

안규호 지음

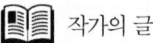 작가의 글

하루하루가 힘든
이 시대의 또 다른 나에게

스물네 살에 영업을 처음 시작했을 때도, 서른 살에 다시 영업을 시작했을 때도 내게 주어진 것은 아무것도 없었다. 눈 뜨면 걸려올 독촉 전화와 내일 당장 먹고살 문제를 걱정해야 하는 나에게 꿈과 미래란 그저 동화 속에나 존재하는 사치스런 단어였다. 중졸 학력에 스펙이라곤 운전면허증 하나밖에 없는 나에게 고소득에 안정적 일자리를 제공하는 회사는 대한민국 어디에도 없었다.

하루에도 수십 번씩 죽고 싶다는 생각이 나를 더욱 괴롭게 했다. 하지만 죽을 순 없었다. 나에게는 내가 지켜야 할 가족이 있었고 죽음의 문턱을 넘을 용기조차 없었기 때문이다. 이제 남은 해답은 간단했다.

'죽을 수 없다면 죽을힘을 다해 살자.'

이 가난에서 벗어나고 다시 앞으로 나아가기 위해서 내가 선택할 수 있는 것은 오로지 '영업'뿐이었다. 문득 예전에 외할머니께서 나에게 하셨던 말이 떠올랐다.

"기술을 배워놓으면 처자식 굶어 죽이지는 않는다."

이 말은 21세기에도 여전히 유효하다. 여기에 난 한 가지 덧붙이고 싶다.

"영업의 기술을 배우면 절대로 밥 굶지 않는다."

영업, 나를 배신하지 않은 유일한 벗

스물넷, 성공을 위한 절박함에 배웠던 영업 기술은 단 한 번도 나를 배신하지 않았다. 사업에 실패하고 모두가 나에게 등을 돌리고 떠나갈 때에도 영업은 끝까지 나를 지켜주었고, 다시 나의 꿈을 향해 그리고 나의 성공을 위해 달릴 수 있게 만들어주었다. 많은 사람이 영업에 대한 안 좋은 인식을 가지고 있고 영업은 불안하고 힘들다며 기피한다. 매년 청년 실업률은 최고치를 기록하고 있지만 정작 영업직은 항상 사람을 구하기 위해 총력을 기울이고 있다.

영업은 성공으로 갈 수 있는 최고의 직업이라고 생각한다. 가장 공평하기 때문이다. 나이가 많건 적건, 스펙이 많건 적건 누구에게나 도전할 수 있는 기회를 제공한다. 그리고 자신이 노력하고 이루어낸 성과만큼 충분한 보상이 이루어진다.

'헬조선'이라고 일컫는 대한민국에서 가장 많은 성공의 기회를 제공하는 것이 바로 영업과 창업일 것이다. 지금 시대는 어떤 직종을 막론하고 영업을 필요로 한다. 앞으로 불황이 계속될수록 영업 전쟁은 더욱 치열해질 것이고, 제대로 된 영업 기술을 가진 사람들이 업계 최고의 대우를 받을 것이다. 아울러 실제로도 점차 그렇게 되어가고 있다.

영업에는 인생을 살아가는 데 있어 꼭 배워야 할 모든 것이 들어 있다. 영업은 사람이 만들어낼 수 있는 가장 큰 비즈니스다. 그 속에는 사람이 존재하고 마케팅, 커뮤니케이션, 스킬, 감정, 관계, 성과 등 모든 것이 들어 있

작가의 글

다. 제대로 영업할 줄 아는 사람만이 인생의 성공을 거둘 수 있는 것이다.

내가 이 책을 쓴 이유는 많은 독자에게 어줍지 않은 충고를 하고 싶어서가 아니다. 나와 같은 상황에 처해 있고 자신의 삶과 일에 힘들어하고 있다면, 조금이라도 용기를 주고 내 실패를 통해 조금 더 쉽게 나아갈 수 있는 방향을 제시하고 그들과 함께하는 친구이자 동반자가 되어 싶어서이다.

이 책의 메시지는 단순하다. 바로 '나 자신을 위한 도전'이다. 타인의 시선을 걷어내고 순수하게 나만을 위해 나의 꿈을 위해 도전하고 노력할 때, 비로소 자신이 원하는 미래의 모습이 만들어지고 꿈을 이룰 수 있다는 것이다. 나도 예전에는 타인의 시선에 갇혀 진짜 내가 아닌 삶을 살았고 남을 위해 돈을 벌었다. 하지만 모든 것을 잃고 난 후에야 나 자신을 위한 삶과 도전이 얼마나 중요한지 깨달았다. 내가 나의 성공을 위해 영업에 도전하지 않았다면, 그리고 작가의 꿈에 도전하지 않았다면, 또한 1인 기업에 도전하지 않았다면, 지금의 나는 존재하지 않을 것이다.

영업을 만나 꿈과 희망이 이루어지기를

지금 당신의 삶과 현실에 지치고 힘들다면 이 책을 읽으며 '안규호'라는 새로운 동반자이자 친구, 멘토를 얻길 바란다. 또한 당신이 원하는 성공을 이루길 간절히 바란다. 그리고 이 책의 제목처럼 내가 알아야 할 모든 것을 영업에서 배웠듯 여러분도 영업을 통해 꿈과 희망을 얻을 수 있기를 소망한다.

마지막으로 이 자리를 통해 지금의 나를 있게 해 준 사랑하는 사람들에게 감사의 인사를 전하고 싶다.

항상 내 삶의 가장 큰 이유이자 원동력, 그리고 세상에서 가장 사랑하는 우리 아들 성준이, 승현이 아빠가 너무너무 사랑한다. 내가 작가의 꿈에 도전할 수 있게 용기를 주고 항상 나를 믿고 나를 더 멋진 사람으로 만들어주는 유진이, 나의 사랑하는 가족에게 고마움을 전한다. 그리고 항상 나와 함께 노력하고 도전하는 '한국 1인 창업협회' 식구들, 내가 작가로 데뷔할 수 있도록 가장 많이 도와주고 끝없는 긍정의 힘을 가르쳐준 '한책협' 식구들, 지치지 않는 열정과 행동하는 모습으로 진정한 CEO의 교본이 되어주는 덕환이 형, 돈보다는 사람이 가장 먼저라며 사람의 소중함을 알려준 동운이 형, 언제나 나를 응원하고 안주하는 삶이 아닌 공부하고 노력하며 자신의 가치를 높이라고 충고해주는 경주 형, 처음 영업을 시작했을 때부터 지금까지 나에게 진짜 돈 버는 영업을 가르쳐준 영업 멘토 휘재 형, 영업을 하며 가장 힘들었던 시기에 나를 이끌어준 영원한 사수 필구 형, 비즈니스의 디테일과 원칙의 중요성을 가르쳐준 병수 형, 그리고 마지막으로 사고뭉치 못난 자식을 위해 당신의 삶을 포기하고 평생을 고생하신 어머니, 너무너무 감사하고 사랑합니다. 비록 부유한 삶은 아니었지만 어머니께서 알려주신 모든 것들이 지금의 나를 만든 인생 최고의 교훈이었습니다. 어머니의 아들로 태어난 것이 나에게는 이 세상 가장 큰 축복이었습니다. 나는 다음 생애도 꼭 어머니의 아들로 태어날 것입니다. 어머니, 영원히 사랑합니다.

2017년 봄

안규호

| 목차 |

작가의 글 하루하루가 힘든 이 시대의 또 다른 나에게 | 4

1장 내가 억대 연봉자들에게 배운 것들

스물아홉에 깨달은 0과 1의 차이 | 13
억대 연봉자들의 영업에는 정답지가 없다 | 20
억대 연봉자들이 목숨처럼 여기는 5가지 원칙 | 26
억대 연봉자들은 실패 노트를 기록한다 | 33
억대 연봉자들은 배움에 돈을 아끼지 않는다 | 39
억대 연봉자들은 자신의 가치를 최고로 만든다 | 45
억대 연봉자들은 남들이 가지 않은 길을 간다 | 49
억대 연봉자들은 한 끝이 다르다 | 55
영업의 고수들은 열정의 온도가 다르다 | 61
영업의 고수들은 돈 버는 시스템을 안다 | 65
성공한 리더들은 리스크 테이킹에 강하다 | 71

2장 내가 억대 연봉자가 되어 알게 된 것들

영업은 이론이 아니라 실전이다 | 79
고객 감동의 노예가 되지 마라 | 86
고객과 협상하면 안 되는 이유 | 93
절대 지인에게 영업하지 마라 | 102
영업은 근성이 아니라 기획이다 | 107
욕망의 크기가 성공의 크기를 좌우한다 | 113
진짜 영업은 자기 경영에 있다 | 119
신뢰를 잃으면 모든 것을 잃는다 | 124
고객이 듣고 싶어 하는 진짜 이야기를 하라 | 129
당신의 센스에 고객은 감동한다 | 135
고객의 불평은 가장 좋은 선물이다 | 141

나는 인생에서 알아야 할
모든 것을 영업에서 배웠다

3장 억대 연봉자가 되기 위해 명심해야 할 것들

독서는 중국집 배달부의 인생도 바꾼다 | 151
월 천만 원을 벌기 위해 알아야 할 것들 | 158
고객이 당신에게 사지 않는 진짜 이유 | 163
고객을 비즈니스 파트너로 만들면 좋은 이유 | 170
열심히 일하는데 돈은 못 버는 이유 | 176
작은 일이라도 완료하는 습관을 만들어라 | 181
내가 변하면 세상이 바뀐다 | 185
첫 영업 3년이 영업 인생을 결정한다 | 190
착한 영업은 없다 | 195
패자는 공상하고 승자는 행동한다 | 201

4장 내 비밀 노트에 숨겨둔 8가지 필승 전략

첫인상의 법칙: 가장 멋진 슈트를 입어라 | 209
단순화 법칙: 어렵게 하면 아무도 사지 않는다 | 215
더블바인드 기법: 고객의 거절을 거절한다 | 221
관점뒤집기: 단점은 가장 좋은 장점이다 | 228
밴드왜건 효과: 이성도 논리도 없는 최고의 마케팅 | 233
언어의 힘: 잘 만든 멘트 하나가 매출을 올린다 | 239
키맨의 효과: 나 대신 영업해줄 사람을 만들어라 | 244
브랜딩: 이제는 셀프 브랜딩이 답이다 | 249

1장

내가 억대 연봉자들에게 배운 것들
Learn and Run

포기하고 아무것도 하지 않으면
가능성 0퍼센트의 사람이 되지만
무엇이든 하나라도 시도한다면
그땐 가능성 1퍼센트의 사람이 된다.

억대 연봉자들의 10가지 습관

- 디테일한 목표를 세운다.
- 차별화를 위해 아무도 가지 않은 길을 간다.
- 대출을 받아서라도 배움에 투자한다.
- 스스로 한계를 규정짓지 않는다.
- 날마다 실패 노트를 기록한다.
- 넘버원이 아니라 온리 원이 되려고 노력한다.
- 자신만의 영업법을 가지고 있다.
- 고객과 함께 울어주는 친구가 된다.
- 열정과 패기가 넘친다.
- 성공보다는 가치 있는 사람이 되려고 노력한다.

스물아홉에 깨달은
0과 1의 차이

꿈은 이루어진다. 이루어질 가능성이 없었다면
애초에 자연이 우리를 꿈꾸게 하지도 않았을 것이다.
- 존 업다이크(John Updike)

"지금 쉬면 나의 가능성은 0퍼센트이지만 나가서 조금이라도 움직이면 내 가능성은 그때부터 1퍼센트가 되는 것이다."

이론적으로 다 설명할 수 없는 0과 1에는 거대한 차이가 있다. 몇 년 전 후배에게 0과 1의 차이에 대해 들었는데, 지금은 항상 곁에 두고 새기는 좌우명이 되었다. 나태해질 때마다 나를 정신 차리게 하는 죽비 같은 말이다. 이 말을 들은 것은 우연한 만남에서 시작되었다.

아무것도 하지 않으면 0퍼센트, 움직이면 1퍼센트

중국에서의 사업 실패로 수억 원의 빚을 지고 정말 땡전 한 푼 없는 거지가 되어 한국에 돌아온 나는 고민도 사치로 느껴질 만큼 모든 것이 절박하고 불안정한 상태였다.

'지금 당장 죽거나 아니면 1원이라도 돈을 벌어야 한다.'

하루에도 수백 번 죽고 싶을 만큼 현실은 괴롭고 참혹했지만 나만 바라보고 있는, 세상에서 가장 사랑하는 내 아들 성준이 때문이라도 그럴 수는 없었다. 보험이라도 하나 들어놨어야 그나마 맘 편히 죽을 텐데 있던 보험도 모두 해지했고, 당장 보험에 가입할 돈도 수중에 없었다.

귀국하자마자 친구 소개로 대형 휴대폰 회사의 대표님을 뵈었고, 그분이 그동안 내 경력과 능력을 인정해줘서 좋은 조건으로 입사를 할 수 있었다. 3개월 동안 일반 평사원과 똑같이 휴대폰 판매사를 하고 좋은 실적을 내는 것을 전제로 말이다. 그때 내 나이 스물아홉이었다.

'내 꽃다운 이십대가 이렇게 흘러가는구나.'

스물세 살에 시작한 영업으로 억대 연봉을 받기도 하고, 레스토랑 사업과 식당 운영으로 수십억 원의 돈을 만졌다. 덕분에 〈러브스위치〉, 〈생방송 투데이〉, 〈생생 정보통〉, 〈중앙일보〉를 비롯한 각종 언론 매체에 출연하며 유명세를 얻은 내 모습은 어디에도 없었다.

"뭐, 나보고 휴대폰 사업에 투자하라고? 휴대폰은 내 이미지와 맞지 않아서 싫어."

이십대 후반 휴대폰업계에서 근무하던 친구가 많은 투자를 요청받고 내게 동업을 제안했었다. 그때 돈을 떠나서 이미지가 나쁜 휴대폰에는 투자하고 싶지 않다고 손사래를 쳤던 기억이 떠올랐다. 근데 서른을 코앞에 앞둔 지금 기본급 90만 원의 휴대폰 판매 사원이 될 줄은 정말 몰랐다.

그렇게 나는 휴대폰 판매사, 일명 '폰 팔이'가 되었고 다행히 그동안 영업을 하며 터득한 방법들로 입사 첫 달부터 지인들의 도움 없이도 80대 이상을 판매했다. 덕분에 50명이 넘는 젊고 팔팔한 20대 판매사들 속에서 석 달 동안 1등을 차지할 수 있었다.

석 달 후 나는 점장으로 임명되었다. 지방 대형 마트 안에 입점한 작은 매장으로 발령받은 것도 그때쯤이다. 한 달 총판매량이 40대도 채 되지 않는, 회사에서 가장 부진한 실적을 내는 작은 매장이었다.

인센티브로 먹고사는 영업직에서 최악의 실적을 내는 매장으로 발령을 낸다는 것은 회사에서 내 능력을 시험하는 게 아니라면 퇴사를 권유하는 것이다.

어떻게든 수입을 만들어야 했다. 작은 매장 규모와 직원도 한 명뿐이었지만 최대한 판매량을 끌어올리기 위해 외부 영업과 각종 마케팅 방법을 총동원했다. 이런 노력 덕분에 판매량을 3배 정도 올려 현재의 직원으로는 감당할 수 없을 정도가 되었다. 결국 회사에서는 평택에서 가장 잘한다는 판매사 한 명을 일주일간 지원해주었다.

평택에서 일주일간 지원 온 직원은 20대 중반이 조금 넘은 나이에 성격 좋고 판매도 잘하는 회사의 에이스였다. 그리고 특이한 점은 일이 끝나면 매일 여자들과 어울려 술자리를 즐긴다는 것이었다. 이 지역에 연고도 지인도 한 명 없으면서 매일 다른 여자들과 술을 마신다는 것이 너무 신기했다. 한 번은 비결이 궁금해 물어보았다.

"어떻게 그렇게 아는 여자가 많아?"

"저는 그만큼 노력을 해요!"

"아니, 무슨 노력을 어떻게 하는데?"

"페이스북에서 매일 여자들한테 쪽지를 100개씩 보내고, 댓글을 엄청 많이 달고 친구 추가도 계속 신청해요."

정말 대단한 친구였다. 하루 저녁 술자리를 위해 매일 낯선 여자들에게 쪽지를 100개씩 보낸다니! 얼마나 대단한 노력과 열정인가. 예전부터 SNS를 하지 않은 나에게는 참 놀라운 사실이었다. 속으로는 '참 대단한 또라이를 만났구나!'라고 생각했다.

"그렇게 쪽지를 보내면 답장해주고 만나는 사람들이 있어? 그게 진짜 가능해?"

"점장님, 0과 1의 차이를 아세요? 아무것도 하지 않으면 저의 가능성은 0퍼센트지만 제가 여자들에게 쪽지를 하나라도 보내면 저의 가능성은 1퍼센트가 되는 거예요."

'띵~'

망치로 머리를 강하게 한 대 맞은 느낌이었다. 0과 1의 차이라니. 순간적으로 정말 머리에 망치를 맞은 것처럼 강한 충격을 받았다. 비록 여자들과의 만남을 주제로 얘기하다가 나온 말이었지만 지금까지 내 좌우명으로 삼을 만큼 심장을 뒤흔들고 그동안 나태해졌던 나를 반성하게 해주는 명언이었다.

"내가 포기하고 아무것도 하지 않으면 나는 가능성 0퍼센트의 사람이 되지만, 무엇이든 하나라도 시도한다면 1퍼센트의 사람이 된 것이고 그것을 꾸준히 지속하면 100퍼센트의 사람이 되는 것이다."

그렇게 그 친구가 무심코 툭 던진 한마디는 지금의 나를 있게 만들어준 너무나 소중한 가르침이 되었다.

나에게 큰 감동과 가르침을 주었던 그 후배는 지금 평택에서 꽤 잘나가는 휴대폰 매장을 3개나 운영하는 수억 원 매출의 멋진 사장님이 되었다.

인생도 영업도 배움의 연속이다

나는 지금도 수강생들을 코치하거나 강의, 경영 컨설팅 등 모든 일을 할 때마다 이 말을 자주 사용한다. 0과 1의 차이는 열정과 노력에 관한 이야기를 할 때 많이 사용하지만 배움에 대해 이야기할 때에 가장 많이 사용한다. 얼핏 보기에는 정말 작은 차이라 별것 아니라고 생각할 수 있지만, 아무것도 없는 0이라는 숫자에는 '곱하기'라는 좋은 기회가 와도 결국은 또 0으로 끝날 수밖에 없다. 아무리 좋은 기회나 아이디어가 생긴다 해도 내가 아는 것이 없다면 결국엔 아무런 성과도 만들어낼 수 없다.

나 역시 여러 가지 배움을 위해 수천만 원 이상의 수강료를 투자했고, 그때마다 이런 생각을 많이 했다.

'뭐야 겨우 저거였어? 와~ 진짜 별거 아니네! 누구나 배우기만 하면 할 수 있겠구나.'

하지만 정말 작은 차이가 영업과 비즈니스의 승패를 좌우한다.

가난했지만 그때 나를 위해 투자한 고가의 수강료를 한 번도 아깝다고 생각한 적이 없다. 아무것도 모르는 0이라는 나 자신이 배움을 통하여 1로 바뀔 수 있었고, 거기에 나만의 색깔을 더하고 노력을 곱해 내가 원하는 성공의 숫자로 만들 수 있었기 때문이다. 내가 미래가 아닌 눈앞의 현실만 보고 배움을 게을리했다면 이렇게 빨리 지금의 위치까지 오르지 못했을 것이다.

내가 처음 하루에 300만 원짜리 강의를 듣고 500만 원, 1000만 원짜리 강의를 듣는다고 했을 때 모두 한결같은 반응이었다.

"쟤 드디어 미쳤구나. 등신같이 어디 가서 사기나 당하고. 빚쟁이가 돈도 안 갚고 헛바람 들어서 미친 짓 하고 다니네."

하지만 결국에는 내가 올바른 선택을 했다는 걸 증명해 보일 수 있었다. 나는 1이라는 배움을 통해 내 자신을 바꿀 수 있었고 3년이라는 짧은 시간에 수억 원의 빚을 청산했다. 그 결과, 최고의 영업자로 연 3억 이상의 수입을 올리는 1인 기업가로 성공할 수 있었다. 요컨대 투자 대비 수백, 수천 배의 이익을 거둔 것이다.

"위안이 되는 사이가 가장 무서운 사이다."

나의 멘토가 해준 말이다. 서로 비슷한 사람끼리 만나 비슷한 생각을 하고 비슷한 것을 보며 위로하고 격려해주면 결국에는 고만고만한 비슷한 삶을 살아간다는 것이다.

내가 높은 곳으로 오르고 싶고 성공하고 싶으면 일단 그런 사람들이 있는 곳으로 가야 한다. 또 나를 바꿔줄 수 있는 멘토나 코치, 나에게 에너지를 주는 사람을 만나야 한다. 지금 당신이 있는 곳에서 당신의 의식을 바꿔주고 변화시켜줄 수 있는 사람은 없다. 그렇기에 비싼 수업료를 내고라도 더 높은 곳에서 좋은 사람들과 어울려야 하는 것이다.

배움에 인색해서는 절대로 성공할 수 없다. 찾아보면 무료 강연과 소규모로 진행하는 강의가 꽤 많다. 강연 현장에 직접 찾아가서 강연자를 만나고 거기에 참석한 사람들과 소통하면서 배움과 에너지와 열정을 얻어라.

그리고 책은 언제나 최고의 선생님이다. 한 권의 책 속에는 그 저자의 모든 인생과 생각, 노하우, 노력, 열정이 집약되어 있다. 당신은 그 최고의 작품을 2만 원도 채 안 되는 가격과 2~3시간 정도의 노력을 들여 읽으면서 한 사람의 인생에서 겪었던 모든 것을 배우고 공부할 수 있다. 이 세상에서 투자 대비 최고의 수익률을 낼 수 있는 것은 단언하건대 한 권의 좋은 책이다.

0으로는 아무 성과도 만들어낼 수 없지만 1이 되는 순간 당신이 오랫동안 꿈꿔왔던 모든 것이 현실로 만들어질 것이다.

억대 연봉자들의 영업에는 정답지가 없다

> 삶에는 정답이 없다.
> – 법정(法頂)

살면서 억대 연봉을 받는 많은 영업자를 만났다. 그들 모두 눈빛과 표정, 말투에 자신감이 넘쳤고 성공에 대한 확신으로 가득 차 있었다.

'괜히 1퍼센트의 영업자들이고, 억대 연봉을 받는 게 아니구나.'

이런 생각과 함께 나도 언젠가는 이들과 함께 어깨를 나란히 하리라 다짐하곤 했다. 그들은 모두 각기 다른 자신만의 다양한 방식으로 영업 활동을 하고 있었다. 그중 인터뷰를 위해 만났던, 외국계 보험 회사에 다니는 억대 연봉의 A씨에게 물었다.

"어떤 방식으로 고객들에게 영업을 하십니까?"

"저는 영업을 하지 않습니다. 단지 고객들의 친구가 되어줄 뿐입니다.

많은 보험 설계사가 재무 설계를 해주는 식으로 고객들을 도와준다고 합니다. 저도 처음에는 그런 방식으로 지인 영업을 했지만 점점 지인들이 저를 부담스러워하는 것을 느끼게 됐고, 내가 영업을 하며 지인들을 돕는 것이 아니라 폐를 끼치고 있는 것 같다는 생각이 들었습니다. 그래서 그 뒤로는 지인들에게 일체 영업에 관한 말은 하지 않았습니다. 대신 그들의 이야기를 들어주며 함께 울고 웃어주는 좋은 '친구'로 곁에 남았습니다. 그러다 보니 조금씩 사람들이 저를 좋아하고 신뢰가 쌓여 점차 고객들이 늘기 시작했습니다. 제가 어떤 보험 회사를 다니고 자신이 어떤 보험에 가입했는지도 모르는 고객이 많습니다. 제가 설명을 해주려 해도 '알아서 잘 해줬겠지. 끝까지 옆에 있을 사람이니 일 생기면 알아서 처리해주겠지' 하는 마음으로 다들 잘 듣지를 않습니다. 그냥 저를 믿고 가입합니다."

"다른 보험 설계사들도 그런 방식으로 영업을 많이 하는데, 유독 잘되신 이유가 있나요?"

"처음에는 쉽지 않았습니다. 하지만 제가 할 수 있는 최선의 노력을 했습니다. 지인이나 고객의 일에 누구보다 먼저 앞장섰습니다. 그리고 저는 SNS 하는 것을 좋아해 인터넷을 많이 이용했습니다. SNS를 통해 사람들과 활발히 소통하며 소식을 공유하고, 나의 도움이 필요하다고 생각되는 곳에는 가장 먼저 달려갔습니다. 그리고 자영업을 하는 사람들에겐 저의 SNS를 통해 지속적으로 홍보를 해주었고 SNS 마케팅 하는 법도 직접 알려주었습니다. 그렇게 사람들과 신뢰를 쌓아가며 고객을 늘려나갔습니다."

그러고는 나에게 그동안 어떤 방식으로 고객들과 소통을 했고 고객의 홍보를 도와줬는지 보여주었다. '페이스북'과 '인스타그램'을 통한 그의

SNS 계정은 웬만한 인터넷 마케팅 전문 업체 이상의 솜씨였다. 내 회사의 마케팅 직원보다도 실력이 나은 것 같았고 이걸로 홍보를 도와준다면 나도 보험에 하나 가입하고 싶었다. 그는 자신이 좋아하는 일을 하면서 사람들을 돕고 소통했다. 그런 가운데 여러 사람을 만나고 그 속에서 친구를 얻었다. 그는 그 친구들이 자신을 믿고 고객이 되어주는 것이 가장 행복하다고 했다.

낯가림이 심한 나와는 정반대 성격을 가진 A씨는 활동적이고 사람을 좋아하는 타고난 영업 체질이다. 사람을 좋아해서 고객들과 주도적으로 모임을 만들어 활동하며 그 안에서 계속 친구를 사귀고 고객을 늘려나간다고 했다. 나로서는 상상도 할 수 없는 대단한 사교성이었다. 카페에서 인터뷰를 하는 1시간 동안 그의 전화가 끊임없이 울려대 예정 시간보다 조금 일찍 인터뷰를 마쳐야 했다. 바쁘게 일어나는 그에게 물었다.

"엄청 바쁘시네요. 고객 만나러 가시나봐요?"

그의 대답은 간단했다.

"아니요, 친구 만나러 갑니다."

웃으며 카페를 나서는 A씨의 뒷모습을 나는 한참 동안 쳐다보았다.

고객과 함께 웃고 울어주는 친구가 돼라

당신은 A씨의 영업에 대하여 어떻게 생각하는가? 전형적인 영업맨, 보험 설계사라고 생각하는가? SNS를 자신의 무기로 삼은 것도 대단하지만 그보단 고객의 친구가 되어준다는 것이 일반적인 영업 사원과 달랐다.

오랜만에 친구들 모임에 참석한 날, 보험 설계사로 갓 입사한 친구가 나에게 말했다.

"규호야, 너 보험 든 거 뭐 있어?"

"전에 지인들한테 몇 개 가입한 거 있지. 근데 뭔지는 잘 몰라."

"증권 나한테 가지고 와봐. 내가 분석해줄게. 내가 너 도와주려고 그러는 거야."

그리고 며칠 뒤 친구가 회사로 찾아왔고, 나는 증권을 보여주었다.

"이거 보장이 너무 잘못됐어. 누구한테 가입한 거야? 여기 보험 회사 상품 너무 쓰레기야. 내가 너한테 알맞게 설계해줄 테니까 다시 가입해. 지금 네가 들고 있는 건 돈만 나가고 아무런 도움도 안 되는 거야."

내가 든 보험이 정말 보장이 잘못된 엉뚱한 보험일 수도 있다. 하지만 가장 중요한 건 판단의 주체이고 고객인 나는 '도대체 뭘 도와준다는 거지? 계약을 하면 내가 이 친구를 돕는 것 아닌가? 내가 지금 내 잘못을 듣고 혼나려고 바쁜 시간을 낸 건가?' 하는 생각이 대화하는 내내 머릿속에서 떠나지 않았다. 결국 나는 생각해보겠다고만 말하고 그 친구와 계약하지 않았다.

영업자의 전형적인 모습이다. 만날 때마다 자신의 영업에 대한 이야기를 하며 날 위한다고 하는데 도무지 진정성을 느낄 수 없다. 그냥 귀찮고 부담스럽기만 하다.

정말 도움을 주는 것이라면 고객이 확실히 피부로 느낄 수 있게 만들고, 그럴 능력이 없다면 항상 고객의 이야기를 들어주며 함께 울고 웃어주는 좋은 친구가 되는 게 낫다. 내가 좋아하고 나에게 정말 소중한 사람이 나를 돕겠다는데 거절할 사람이 누가 있겠는가. 괜히 어중간하게 '친구인 듯 친구 아닌 영업 사원'이라는 포지션을 만들지 마라. 이런 인식이 박히는 순간, 그 영업자는 지인과 고객의 기피대상 1호가 되는 것이다.

고객과는 비즈니스 관계만 유지하라

정반대의 스타일로 영업에 성공한 한 분을 소개하겠다.

'람보르기니'를 끌고 나타난 그녀의 첫인상은 그냥 부자였다. 뭔가 알 수 없는 강력한 포스와 부의 기운이 내 온몸에 전해졌다. 현재 GA 대리점의 여성 대표인 B씨는 서른 살의 나이에 뒤늦게 보험에 뛰어들었다고 했다.

그녀는 평소 주식과 부동산 등 재테크 분야에 가장 관심이 많고 고객들에게 자신을 보험 설계사가 아닌 재테크 전문가라고 소개했다. 그리고 고객들에게 지속적으로 재테크에 관한 확실한 정보를 제공했고, 그 정보로 투자를 한 고객들이 점차 수익을 내기 시작했다. 그녀는 어느새 '돈 벌어다 주는 여자'로 소문이 퍼졌고, 고객들은 더 좋은 고급 정보를 얻기 위해 스스로 그녀를 찾아와 고액의 보험을 가입했다. 나중에는 아예 목돈을 싸들고 찾아와 직접 투자를 해달라고 부탁했다. 점차 그녀는 직접 고객들의 돈을 투자해주었고 투자 수익만큼 일정 부분을 자신의 보험에 가입시켰다. 이 영업 방식을 통해 현재 그녀가 벌어들이는 연 수입은 10억 대가 훨씬 넘는다. 정말 존경스럽고 대단한 영업 방식이었다.

위의 두 분 모두 나에게는 존경의 대상이지만 내 스타일은 A씨가 아니라 B씨의 스타일이다. 나는 고객들과 인간적인 관계를 맺는 것을 좋아하지 않는다. 낯가림이 심한 탓에 그런 것도 있지만 선을 넘는 것이 싫기 때문이다. 오랜 영업을 하며 내가 고객들과의 관계에서 느낀 것은 서로 인간적인 관계를 맺기 시작하면 어느 순간 서로를 너무 편하게 대하며 경계선을 넘어버린다.

그러면서 점점 서로에 대한 서운함과 불쾌함이 쌓이고 관계가 깨지는 경우를 많이 경험했기에 지금은 애당초 고객과 인간적인 관계를 만들지 않는다. 내가 고객과 유지하는 선은 '최고의 비즈니스 파트너', 딱 여기까지다. 인간적인 관계를 맺지 않기 때문에 비즈니스 관계 유지를 위해 고객들에게 더 많은 정보를 제공하고 고객들을 위해 더 많이 일한다.

최고의 영업 방식은 가장 당신다운 것이다

사람마다 각자의 생각이 다르고 스타일이 다르다. 당신에게 최고의 영업 방식은 가장 당신다운 것이다. 다른 영업자가 하는 방식이 아무리 좋다고 해도 당신과 맞지 않는다면 큰 효과를 보기 힘들다. 영업을 하며 가면을 쓰려고 노력하지 마라. 당신에게 맞추어 영업을 하는 것이 가장 효과적인 방법이다. 1퍼센트의 영업자들은 모두 각자 다른 방식으로 영업을 하지만 자신만의 방법으로 최고가 되었다. 그 때문에 1퍼센트의 성공한 영업자가 될 수 있었던 것이다. 그리고 그 모든 방식의 유일한 공통점은 자신에게 가장 알맞은 방법으로 고객들에게 도움을 준다는 것이다.

당신에게 맞지 않는 가면은 버리고 가장 당신다운 모습과 방식으로 영업을 해라. 그리고 그 방식으로 고객에게 도움을 줄 수 있다면 이제 곧 당신도 1퍼센트의 영업자가 될 것이다.

억대 연봉자들이 목숨처럼 여기는 5가지 원칙

일상의 삶의 형태를 바꾸기 전에는 삶을 변화시킬 수 없다.
성공의 비밀은 자기 일상에 있다.
- 존 맥스웰(John Maxwell)

영업의 현장은 언제나 치열한 전쟁터다. 더 많은 것을 요구하고 영리해진 고객들, 계속해서 늘어나는 수많은 경쟁자, 그리고 너무나 빠르게 변화하는 마케팅의 치열한 전쟁이다. 제2차 세계대전 당시 독일의 명장 에르빈 로멜을 패퇴시킨 미국의 장군 조지 패튼은 이렇게 말했다.

"전장에 나가면 이기거나 지는 것이 아니라 이기거나 죽는다."

영업자들의 비즈니스 전쟁도 마찬가지다. 이기고 지고의 문제가 아니라 이기거나 죽는 것이다. 우리에게 죽음은 영업의 현장에서 사라져버리는 것이다. 영업자라면 주변에서 많이들 보았을 것이다. 한없이 고생만 하다가 결국 '돈' 한 푼 벌지 못하고 있는 돈마저 다 까먹고 빚만 진 채 허송세

월하다가 결국에는 조용히 사라져버리는 많은 영업자. 누군가는 영업 조직에서 계속 좋은 성과를 내고 회사에서 인정받으며 성공해나가는데, 다른 누군가는 소리 소문 없이 사라져버린다. 그리고 회사를 나가서 잘된다면 축하할 일이겠지만 결국에는 또 그렇고 그런 삶을 유지한다. 지금 하고 있는 당신의 분야에서 성공해야 다른 분야에서도 성공할 수 있다.

최고의 결과를 만들어내기 위한 노력

"아~ 영업은 나랑 안 맞아! 나는 영업 체질이 아니야. 역시 영업은 안 돼. 어려워."

이런 말은 결국 실패한 사람들의 비겁한 변명일 뿐이다. 영업의 성과만 가지고 인생의 가치를 논할 순 없지만, 우리가 지금 하고 있는 것은 일이다. 취미나 재능을 찾는 것이 아니란 말이다. 언제까지 모든 일을 나랑 안 맞는다는 핑계로 변명하며 그만둘 텐가. 세상에서 당신에게 맞는 일을 찾기가 그렇게 쉬울까? 그리고 정말 그런 일이 있기는 할까? 그럼 당신에게 맞는 일을 찾기 전까지는 이렇게 계속 시간을 낭비하면서 살아갈 것인가?

모든 성공한 사람의 공통점은 무슨 일이든 주어진 일에 최고의 결과를 만들어내기 위해 노력한다는 것이다. 지금 하고 있는 일에 <u>스스로</u> 혼신의 힘을 다했다고 자신할 수 있는가. 정말 <u>스스로</u> 최선이 아닌 혼신의 힘을 다했을 때도 자신과 맞지 않는다는 생각이 든다면, 그때 다른 일을 찾아도 늦지 않다.

낯선 사람들 앞에만 서면 당황하고 얼굴부터 빨개지는 소심한 나도 아직까지 영업 활동을 하고 있다. 나도 영업이 적성에 맞는다고 단 한 번도 생각해본 적이 없다. 하지만 '일'이니까 하는 것이다. 스스로 선택한 나의 일. 대부분의 많은 영업자가 '아~ 영업은 나랑 안 맞아. 얼른 돈 벌어서 사업이나 해야지. 이번 달 또 어떻게 넘기지? 뭐 돈 많이 버는 다른 일 없을까?' 이런 생각과 고민을 하고 다가올 미래를 항상 불안해한다. 억대 연봉자가 된 영업자들도 모두 이런 고난의 시기를 겪었고 스스로 이겨냈기에 지금의 자리에 있을 수 있는 것이다.

자, 그럼 지금부터 그들이 이런 고난을 이겨낼 수 있었던 1퍼센트의 5가지 법칙에 대해 알아보자.

첫 번째 법칙: 의식을 통째로 바꿔라

먼저 지금 당신의 의식을 통째로 바꿔야 한다. 지금의 나약하고 도망치고 싶은 마음과 공포, 부정적인 생각으로는 이 치열한 비즈니스 전쟁에서 승리할 수 없다.

'나는 언제나 최고다. 나는 뭐든지 할 수 있다. 나는 연봉 10억, 100억의 사나이다.'

항상 소리치고 또 소리쳐라. 당신 자신을 굳게 믿어라. 자기 자신을 믿지 못하고 의심하면 누군들 당신을 믿어주겠는가. 의식을 바꾸는 것이 비즈니스의 첫 시작이다. 의식이 바뀌면 행동이 바뀌고 행동이 바뀌면 지금 벗어나고 싶은 당신의 현실이 바뀐다. 영업자에게 가장 중요한 것은 의식이다. 지금 당장 내면의 의식을 성장시켜라.

두 번째 법칙: 아주 디테일하게 뚜렷한 목표를 세워라

'나는 부자가 될 거야! 나는 연봉 1억을 달성할 거야!'

이런 건 목표가 아니라 그저 희망사항일 뿐이다. 더 구체적이고 자세한 목표를 설정해야 한다.

'나는 3개월에 2000, 6개월에 5000, 1년차에 1억을 모으겠다.' '나는 매월 얼마를 계약하고 매월 얼마의 급여를 받아서 연봉 1억을 만들 거야.' 이런 식의 디테일한 목표를 설정해야 한다. 커다란 목표를 작게 쪼개서 하나씩 실천해나가야 한다. 디테일한 계획을 세워야 하나씩 이루어가며 목표에 도달할 수 있다.

세 번째 법칙: 목표를 이룰 방법을 만들어라

내가 현재 연봉이 5000만 원쯤 되고 앞으로 1억을 목표로 삼았다면 연봉이 2배 증가하는 것이다. 그런데 현재와 똑같은 방법으로 2배의 성과를 이루어내기란 절대 쉬운 일이 아니다. 성과를 2배로 올리려면 거기에 합당한 방법과 노력이 동반되어야 한다. 아무것도 변하지 않으면서 성과가 좋아질 것이라는 막연한 기대를 하는 것은 어이없고 황당한 생각이다. 성과를 올리고 싶다면 그에 맞는 더 업그레이드된 방법이 필요하다. 마땅히 좋은 방법이 떠오르지 않는다면 일단 무조건 공부하고 배워라. 그게 당신에게 가장 좋은 방법을 만들어줄 것이다.

그런 다음 배운 내용을 토대로 매일매일 새로운 방법을 딱 10개씩 일주일만 적어보자. 그럼 당신에게는 무려 70가지의 새로운 방법이 생긴다. 나도 이 방법을 써보았지만 20개 이상 쓰는 것은 매우 어려울 일이다. 그래도 계속 써내야 한다. 무조건 70개는 채운다는 다짐으로 계속해서 생각을 짜내고 또 짜내서 적어라. 생각의 마지막 한 방울까지 짜냈을 때 최고의 아이디어가 떠오르는 것이다. 만약 이것을 한 달간 반복한다면 당신에게는 300가지 이상의 새롭게 도전할 수 있는 길이 생긴다. 한 달은 못하더라도 딱 일주일만 채운다면 당신의 머리와 아이디어에 스스로 감탄할 것이고, 그 아이디어가 당신을 1퍼센트의 영업자에 한발 더 가까이 가도록 만들어 줄 것이다.

네 번째 법칙: 지금 당장 움직여라

세 번째 방법까지 모두 끝냈다면 가장 중요한 '행동'이 남아 있다. 자신이 만든 아이디어를 당장 실행으로 옮겨야 한다. 완벽한 방법을 만들기 위해 시간을 낭비하지 마라. 당신의 머릿속에서 완벽한 아이디어가 나올 것이라는 기대는 하지 않는 것이 좋다. 아이디어 준비와 수정에 시간을 낭비하지 말고 일단 무조건 현장에서 실전으로 부딪혀라. 그리고 문제점이 발견되면 그때 조금씩 수정하라. 또 발견된 문제점을 수정하기 위해 많은 시간을 낭비해서도 안 된다. 꾸준히 지속적으로 해나가야 한다. 사람의 기억은 휘발성이 강해서 시간이 지나면 결국 날아가버린다. 불이 붙었을 때 움직이자. 더 큰 불 만들려고 시간을 끌다가는 불씨 구경도 못해보고 끝난다.

다섯 번째 법칙: 반복하라

위의 네 가지 법칙을 모두 실행했다면 이제 계속해서 반복하자. 목표를 이루면 다시 새롭게 목표를 설정하고 방법을 구상하고 행동하자. 한 번에 확 타오르고 꺼져버리는 번개탄 같은 열정이 아니라, 오랫동안 꺼지지 않는 뜨거운 열기로 가득 찬 연탄 같은 지속적인 열정이 당신의 인생을 바꿀 것이다. 다섯 번째 법칙까지 모두 달성했다면 당신은 이미 너무도 변해버린 자신의 모습에 스스로 놀라고 감탄할 것이다. 그리고 세상 무슨 일이든 해낼 수 있다는 자신감이 마구 솟아날 것이다. 지속적인 목표의 달성과 보상이 당신을 몰라보게 변화시킬 것이다.

"나는 대통령이 되는 것이 꿈입니다."

"저는 전 세계적인 기업의 CEO가 되는 것이 꿈입니다."

세계적인 명문대 학생들이 자신의 꿈을 묻는 질문에 이렇게 대답할 수 있는 건 그들이 명문대 학생이기 때문이 아니다. 학창 시절부터 계속해서 목표를 이루어냈고 그로 인한 보상을 얻는 과정을 반복하며 스스로의 한계를 지워버렸기에 가능한 일이다.

스스로 한계를 규정짓지 마라

이 책을 읽는 많은 독자 여러분은 학창 시절에 그 한계를 지우지 못했을 것이다. 하지만 이제부터라도 절대 늦지 않았다. 사람의 미래와 인생이 어떻게 변할지는 당신 자신을 제외하고는 아무도 예상할 수 없고 또 알 수도 없다. 당신의 간절한 꿈과 희망, 그리고 당신의 생각과 노력만이 미래를 예측하고 만들어갈 수 있는 것이다.

지금 억대 연봉 영업자를 꿈꾸며 내 책을 읽는 당신이 대통령, 국회의원, 더 나아가 세계적인 기업의 CEO 등 어떤 모습으로 변할지는 당신의 손에 달려 있다. 말도 안 되는 소리라고, 이미 늦었다고 절대 포기하지 마라.

커넬 할래드 샌더스는 65세의 나이에 중고 트럭 한 대로 시작해 세계 최대의 체인점 'KFC' 만들어냈고, 98세 고령의 나이에 첫 시집을 출간해 150만 부 이상을 판매한 시바타 도요도 있다. 당신의 꿈을 이루기 위해 늦은 나이도 없고 불가능한 것도 없다. 어떠한 이유를 빌미로 포기하는 것은 스스로의 한계를 규정하는 자기 자신에 대한 가장 큰 배신일 뿐이다.

억대 연봉을 받는 영업자들의 5가지 법칙은 영업자뿐만 아니라 자기 분야에서 성공한 사람들 대부분의 공통적인 행동 법칙이다. 이 5가지 법칙을 하나씩 하나씩 포기하지 말고 실행해나가자. 그런 작은 실천이 당신을 억대 연봉의 영업자로, 그리고 당신이 꿈꾸고 상상하는 멋진 미래를 만들어줄 것이다.

억대 연봉자들은
실패 노트를 기록한다

내가 이룬 것만큼
내가 이루지 못한 것도 자랑스럽다.
- 스티브 잡스(Steve Jobs)

정장 대신 나비넥타이에 웨이터를 연상케 하는 반짝이는 옷을 입고 등 뒤에는 자신의 이름이 크게 적혀 있다. 거기에 노랑 머리 양배추 가발을 쓰고 오토바이를 타고 돌아다닌다. 또 사람들이 많이 모이는 잔칫집에 가면 제일 먼저 앞에 나가 노래하고 춤을 춘다.

2001년부터 2009년까지 8년 연속 현대자동차 판매왕을 차지한 '최진성' 차장의 영업 방식이다. 그는 항상 이렇게 우스꽝스러운 복장에 자신을 내려놓고 사람들에게 웃음을 준다. 일반 사람들은 상상도 할 수 없는 방식으로 영업을 하고 있는 것이다. 어느 TV 방송에서 리포터가 그에게 물었다.

"이런 복장을 하고 영업하는 것이 부끄럽지 않으세요?"

"아니요. 전혀 부끄럽지 않습니다. 오히려 세상에서 가장 부끄러운 것은 스스로 자기 밥값을 못하는 사람입니다."

당당하게 대답했다. 10년 전 TV에서 보았던 이 말이 아직도 잊히지가 않는다. 우리는 영업을 하면서 실패하는 것을 매우 두려워한다. 그래서 아예 도전 자체를 하지 않는다. 그러면 절대 실패하지 않으니 말이다. 하지만 도전하지 않으면 아무것도 변하지 않는다.

실패를 두려워하지 마라

나는 지금까지 영업을 하며 계획했던 새로운 방법, 새로이 알게 된 사실, 그날 있었던 일, 그리고 다음 날 해야 할 일까지 하루를 모두 기록하는 노트를 쓰고 있다. 지금까지 나의 세일즈 활동에 관한 모든 것을 기록한 30권 조금 넘는 이 노트를 나는 '실패 노트'라고 부른다. 영업을 하며 좋았던 일, 행복했던 일, 슬펐던 일 등 모든 내용을 적어놓았지만 그 노트의 절반 이상은 잘못하고 실수한 내용으로 가득 차 있었기 때문이다.

이 원고를 쓰며 노트를 다시 꺼내 읽었을 때, 내가 했던 수많은 실패에 웃음이 절로 터져 나왔다. 그중에는 처음 영업을 시작했을 때 무작정 홍보에만 열을 올리며 실수했던 내용도 적혀 있었다. 첫 영업을 시작한 지 얼마 되지 않았을 때 함께 입사한 동기 한 명과 함께 회사에는 절대 비밀로 하자 하며 '은밀한' 활동을 했다. 저녁 때마다 정장에 흑인 가면을 쓴 채 사탕을 붙인 명함을 나눠주며 판촉 활동을 한 것이다.

사람들의 반응은 좋았다. 밤늦게 가면을 쓰고 나타난 영업 사원에게 많은 관심이 쏟아졌다. 사진을 찍자는 사람도 많았고 악수를 청하며 장난치는 사람도 많았다. 희한한 가면을 쓰고 홍보하는 내가 너무나 부끄러웠지만, 사람들의 반응에 홍보 효과는 좀 있는 것 같아 다행이었다. 그러나 함께 시작했던 동기는 며칠 만에 "너무 쪽팔린다. 이건 도저히 못하겠다"며 그만두었다. 하지만 나는 이왕 시작한 거 끝까지 한번 해보자는 생각으로 저녁 시간이 되면 혼자서 가면을 쓰고 먹자골목으로 판촉 활동을 나갔다.

부끄러움과 싸우며 가면을 쓰고 판촉 활동을 한 지 일주일째 되는 날, 명함을 돌리러 들어간 고깃집에서 회사 팀장님과 마주쳤다.

"너 지금 뭐 하는 거야! 따라와."

잘못한 것도 없는데 가면을 벗고 고개를 푹 숙인 채 식당 뒷골목으로 끌려갔다.

"이거 미친놈 아니야. 우린 금융업에 종사하는 사람들이야. 너 같으면 이렇게 가면 쓰고 밤늦게 돌아다니는 사람한테 대출받고 싶겠어!"

"죄송합니다. 홍보가 잘될 것 같아서 해봤습니다."

"더구나 나한테 보고도 없이 이따위로 네 맘대로 하고 다녀. 당장 집으로 가. 내일 회사에서 보자."

순간 그냥 죽어버리고 싶었다. 이런 모습으로 팀장님을 만나다니 개망신도 이런 개망신이 없었다. 그리고 한편으론 조금 서운했다. 열심히 한다고 칭찬해주는 것이 아니라 우스꽝스러운 모습으로 돌아다녔다고 혼만 내시니 말이다.

다음 날 회사의 모든 동료들이 내가 먹자골목에서 가면 쓰고 돌아다닌 사실을 알게 되었다. 차마 얼굴을 들고 다닐 수 없었다. 그리고 팀장님과 상사들에게 내가 얼마나 바보 같은 짓을 했는지 충분한 설명도 들었다. 나는 내가 하는 일이 어떤 짓인지는 생각하지 않고 무조건 홍보만 잘하면 영업에서 성공할 수 있다고 생각했다.

돈이 오고가는 금융업에서 가장 중요한 것은 영업자에 대한 고객의 신뢰인데, 나는 희한한 가면을 쓰고 밤늦게 돌아다니며 술 취한 사람들을 상대로 홍보했다. 그로 인해 나와 회사에 대한 신뢰도를 떨어뜨리고 있었던 것이다. 잘못된 방법이었고, 제대로 실패의 쓴맛을 보았다. 하지만 생각만 하고 말았더라면 알 수 없었던 것들을 직접 실행하고 경험하며 생생히 느껴볼 수 있었다. 노트에 실패한 내용이 늘어갈수록 점점 더 영업에 관한 시행착오를 줄여나갈 수 있었다.

'실패 노트'는 훗날 '성공 노트'로 바뀔 것이다

세계 최초로 연봉 100만 달러를 받은 성공한 CEO '찰스 슈왑'의 일화이다. 그는 록펠러, 모건, 카네기, 듀퐁 같은 거물들을 주요 고객으로 삼는 '아이비 리'라는 컨설턴트를 찾아갔다. 아이비 리는 그에게 자신의 서비스 내용을 간략하게 소개하며 말했다.

"우리 서비스를 받으면 더 나은 경영법을 알게 될 것입니다."

"이봐요! 나에게 필요한 건 더 많은 지식이 아니라 더 나은 행동 방법입니다. 내가 이미 알고 있는 것들의 절반만이라도 실천할 수 있게 해줄 행동 방법을 알려준다면 비용이 얼마든 기꺼이 지불하겠소."

"그럼 지금부터 20분 동안 그 방법을 알려드리겠습니다."

리가 설명해준 방법은 다음과 같았다.

"하루를 끝내기 전에 매일 10분씩 그날 한 일들을 생각해보라. 그리고 자신에게 물어보라. '오늘 내가 잊어버렸거나 소홀히 했던 일, 실수한 일은 무엇일까? 앞으로 그런 잘못을 예방하려면 어떻게 해야 할까? 오늘의 일을 개선하는 방법은 무엇일까?' 생각해보고 내일 꼭 해야 할 일 6가지를 메모지에 적어라. 그리고 가장 중요한 일에 순서를 매겨 하나씩 해결해나가라. 1번을 해결하느라 하루가 다 걸리더라도 그 일을 꼭 마무리하라. 그리고 또다시 내일 할 일 6가지를 적고, 오늘 끝내지 못한 일도 적어서 실천하라."

이것이 20분 동안 찰스 스왑에게 리가 알려준 내용의 전부였다. 그리고 리는 한마디 덧붙였다.

"이 방법을 시험해본 후, 간부급 임원들에게도 권해보세요. 얼마의 시간이 걸리든 마음껏 시험해보십시오. 그 후에 제 방법이 효과적이었다고 판명되면 생각하신 만큼의 액수를 수표로 보내주세요."

얼마 후 슈왑은 편지와 함께 2만 5000달러짜리 수표를 리에게 보냈다. 편지에는 이렇게 적혀 있었다.

"하찮게 보이는 이 방법이 내 평생 배운 것 중에서 가장 실용적이었습니다. 아홉 달을 미뤘던 전화를 걸어 200만 달러어치의 철재 주문을 받아냈습니다."

오늘 미처 끝내지 못한 일과 내일 해야 할 일을 메모하는 이 작은 방법이 '평범한 사람'을 '최고의 기업가'로 탈바꿈시킨 기적을 만들어낸 것이다. 나는 이 일화를 보며 내가 그동안 기록했던 노트를 다시 꺼내보았다. 그 속에는 수십, 수백 번의 실패했던 내용이 가득 적혀 있었다. 하지만 수많은 실패를 경험하고 기록하는 가운데 시행착오를 줄여나갔고 한 번의 성공으로 그동안의 실패를 보상받을 수 있었다. 메모하고 기록하는 습관이 없었다면 나는 옛날의 실수를 그대로 반복하고 있을지도 모른다.

당신은 지금 당신의 역사를 기록하고 있는가? 당신의 실패 노트를 만들어라. 그리고 거기에 당신의 생각과 오늘 있었던 일, 그리고 내일 해야 할 일을 상세히 기록하자. 당신의 실패로 그 노트가 가득 찰수록 훗날 당신의 그 노트는 '실패 노트'가 아니라 최고의 '성공 노트'로 기억될 것이다.

억대 연봉자들은
배움에 돈을 아끼지 않는다

나는 영업 경력이 30년을 넘었지만 처음 시작할 때의 자세로
내 시장과 업계 전반에 대한 경향과 변화를 연구한다.
– 솔로몬 힉스(Solomon Hicks)

시간이 지나면 부패하는 음식이 있고, 시간이 지나면 발효되는 음식이 있다. 부패한 음식은 썩어서 먹을 수 없지만 발효된 음식은 더욱 맛있어진다. 사람도 마찬가지다. 시간이 지나면 부패하는 사람이 있고, 시간이 지나면 발효되는 사람이 있다. 당신은 시간이 흐를수록 어떤 사람이 되어가는가? 당신은 이 치열한 영업의 세계에서 퇴화하고 있는가? 아니면 점점 더 성장하고 있는가? 당신을 썩게 만드는 일도, 당신을 익게 만드는 일도 당신의 선택에 달려 있다.

《해적들의 창업 이야기》를 쓴 신태순 작가를 강연장에서 만났던 적이 있다. 젊은 나이지만 열정과 성공에 대한 확신으로 가득 찬 모습이 참 인상 깊었다. 그날 강연장에서 그는 이렇게 말했다.

"run & run 하지 말고 learn & run 하라."

무조건 뛰지 말고 배우면서 뛰라는 말이었다.

배움에 투자하면 돈이 된다

우리나라 의무교육 과정은 초등학교부터 고등학교까지 총 12년이다. 그 12년 동안 우리는 국어, 수학, 과학, 도덕 등 여러 가지를 배운다. 그런데 정작 사회에 나와서 쓸 만한 것은 몇 가지 없다. 살아가면서 가장 필요한 '돈'에 대해 배우는 것도 아니고, 그렇다고 '인간관계'에 대해서도 배우지 않는다. 그리고 누군가는 고등학교를 마친 뒤 사회로 나오고, 또 다른 사람들은 대학교에서 더 많은 공부를 한다.

12년이 넘는 시간 동안 너무 많은 공부를 해서 그런지 막상 사회에 나오면 더 이상 공부하려고 하지 않는다. 우리가 80년을 산다고 가정했을 때 최소한 50년은 돈을 벌어야 한다. 그만큼 돈에 대해 고민하며 돈과 함께 살아가지만 정작 돈에 대해서는 아무도 공부하지 않는다. 당신이 지금 이 책을 통해 공부하는 것은 영업에 대해 배우는 것이 아니라, 죽을 때까지 평생 사용할 수 있는 돈을 더 많이 버는 방법에 대해 공부하는 것이다.

'돈이 돈을 번다'라는 말을 들어보지 못한 사람은 없을 것이다. 살아갈수록 이 말에 대해 많은 공감을 하게 된다.

얼마 전 친구 2명과 함께 저녁을 먹은 적이 있다. 한 친구는 부모님이 사준 건물로 월세를 받으며 아무 일도 하지 않는데 이번에 새로 구입한 빨간색 포르쉐를 끌고 나와 우리에게 자랑했다. 지금 그 친구의 차는 벤츠 두 대와 포르쉐 1대. 혼자서 차 세 대를 기분에 따라 끌고 다니며 럭셔리 라이

프를 즐기고 있다. 또 한 명의 친구는 가난한 집에서 태어나 한순간도 쉬지 않고 죽도록 일만 하고 있다. 그런데도 전세 대출금을 갚지 못해 신용 불량자가 될 위기에 놓였다고 한숨을 내쉬었다. 시간이 지날수록 부자들은 더 빠르게 부자가 되고 가난한 사람들은 발버둥칠수록 더 깊은 가난 속으로 빠져버리는 것 같다.

영업의 세계에서도 마찬가지다. 돈이 돈을 벌어들이고 있다. 영업과 마케팅에 대한 강의를 듣는 데 최소 100만 원에서 최대 몇 천만 원을 투자한다. 비싼 수업료를 지불하고 강의를 들은 사람들이 영업과 세일즈의 세계에서 성공해나가고 있다. 자기 자신에게 많이 투자한 사람이 더 많이 성공하는 것이다. 결국 사람은 배운 만큼 성공하는 것이다.

나는 영업에 관한 많은 책을 읽는 동안 조금 더 현실적이고 효과적인 나의 영업 스타일을 사람들에게 알려주고 싶었다. 직원들은 인터넷 블로그와 카페를 통해 먼저 시도해보자고 했다.

"아니야, 블로그와 카페는 언제든지 할 수 있잖아. 나는 일단 책을 한번 써볼 거야."

"네? 책이요? 말도 안 돼요. 책은 아무나 쓰나요. 그리고 바쁘신데 언제 시간 내서 책을 써요. 대표님은 영업하셔야죠. 책을 내고 싶으면 차라리 대필 작가를 한 명 쓰죠."

"대필 같은 소리 하고 있네. 내가 직접 한번 도전해볼 거야. 되나 안 되나 한 번 보자."

큰소리를 뻥뻥 치며 작가가 되겠다고 직원들에게 선포했다. 나의 공부 방식대로 가장 먼저 서점으로 가서 책 쓰기와 관련한 책을 모조리 구입해

읽기 시작했다. 그리고 작가들의 강연과 세미나에 참석하며 더 많은 공부를 했다. 열심히 공부했지만 3개월이 지나도록 10장도 쓰지 못했다.

'이대론 안 되겠는데. 직접 가서 배워야겠다.'

그래서 찾아간 곳이 《이젠 책 쓰기가 답이다》의 저자가 운영하는 '한책협'이었다. 수강료는 대략 1000만 원에 가까웠다. 실제로 1:1 코칭이나 세부적인 다른 교육까지 포함하면 1000만 원이 훨씬 넘는 금액을 지불해야 했다. 고가의 수강료였지만 조금도 망설이지 않고 즉시 결제를 했다. 이유는 간단했다. 돈을 낸 만큼 시간을 벌 것이라고 판단했기 때문이다.

내가 혼자서 책을 쓰려면 몇 년은 족히 걸렸을 것이다. 하지만 그곳에서 매주 강의를 들으며 나는 3개월 만에 이 책의 원고를 완성할 수 있었다. 1000만 원을 지불하고 최소한 10개월의 시간을 번 것이다. 10개월의 시간은 돈으로 환산할 수 없는 가치가 있고 나는 벌어드린 시간만큼 영업을 통해 훨씬 더 많은 수입을 창출할 수 있었다. 요컨대 그곳에 강의를 들으며 수강료를 지불한 게 아니라 더 많은 돈을 번 것이다.

당신이 꼭 이 말을 이해했기를 바란다. 성공을 꿈꾸는 사람이라면 자기 시간의 가치에 대한 이해는 필수니까 말이다. 쉽게 생각하면, 식당 사장님들이 인건비를 주면서 아르바이트생을 고용해 전단지를 돌리는 것과 똑같은 것이다. 인건비를 지불하지만 사장님은 시간을 벌고, 그 시간에 다른 일을 해서 더 많은 수입을 창출하는 원리라고 생각하면 되는 것이다.

대출을 받아서라도 배움에 투자하라

몇 년 전 인터넷 마케팅을 시작했을 때도 컴맹인 나로서는 도저히 어떻게 해야 할지 감이 잡히지 않았다. 신기하게도 다른 것에 비해 인터넷 마케팅은 책을 아무리 들여다보아도 머릿속에 들어오질 않았다. 먼저 간단한 블로그를 개설하기 위해 몇 날, 며칠을 컴퓨터와 씨름하며 시간을 보냈지만 결국에는 완성하지 못했다.

'에이, 안 해. 이 시간에 딴 거 할래.'

그리고 30만 원을 지불하고 전문 업체에 외주를 맡겼다. 역시 전문가답게 그 회사는 내가 며칠 동안 고생하고 시간을 투자하면서도 완성하지 못한 것을 이틀 만에 뚝딱 만들어주었다. 그것도 내가 생각했던 것보다 훨씬 멋지게 말이다. 그때 깨달았다.

'30만 원이면 내 하루치 일당도 되지 않는데, 그 돈을 아끼려다 더 많은 돈을 낭비한 셈이구나.'

나 역시 배움의 덕을 톡톡히 봤다. 책을 읽고 강의를 다니며 더 많은 것을 배웠고, 그것을 바탕으로 수입을 계속 늘려나갔다. 수입보다 더 좋은 것은 생활이 달라졌다는 점이다. 배움에 투자할수록 나의 자존감은 더욱 높아갔고, 그만큼 행복지수도 더욱 커졌다. 예전에는 업무 스트레스가 심해 술과 담배를 끼고 살았다. 하지만 의식이 계속 바뀌고 확장되면서 스트레스를 받지 않고 술과 담배도 줄여나갔다. 2년 전만 해도 일주일에 3~4일은 술을 마셨지만, 지금은 일주일에 한 번도 많이 먹는 편에 속한다. 그만큼 스트레스가 없어지고 술 아닌 다른 즐거운 일이 많이 생겼기 때문이다.

"배우는 기쁨이 얼마나 큰 줄 알아? 덕분에 세상 보는 눈이 많이 달라졌어. 너도 나와 함께하자."

다른 친구들에게 얘기해봤자 씨알도 안 먹힐 것을 알기 때문에 말하지 않았지만, 가장 친한 친구 딱 한 명에게는 말했다.

"친구야, 강의 다니면서 배우니까 정말 좋아. 나 믿고 한번 강의 같이 다녀보자."

"야, 너는 돈 잘 벌고 여유 있으니까 그러는 거지. 당장 내일 카드 값 걱정하는 사람이 어떻게 몇 백만 원짜리 강의를 듣고 다니냐? 나중에 나도 너처럼 돈 많이 벌면 그때 들을게."

더 이상 얘기하고 싶지 않았다. 돈이 없어서 배움에 투자하지 못한다. 이건 '닭이 먼저냐? 달걀이 먼저냐?' 하는 아주 원초적이고 유치한 핑계라고 생각한다. 나는 돈이 많아서 배움에 투자한 것이 아니라 없는 돈을 쪼개 배움에 투자했다. 현재의 삶에 만족하지 못하는 사람이 배움을 포기하는 것은 병에 걸린 사람이 돈이 없다고 치료를 받지 않는 것과 같다. 병은 스스로 낫지 않는다. 치료를 받아야 나을 수 있고, 치료를 소홀히 하면 악화될 뿐이다. 《배움을 돈으로 바꾸는 기술》의 저자 이노우에 히로유키는 이렇게 썼다.

"경제적인 여유가 없어서 배울 수 없는 사람들은 대출을 받아서라도 배움에 투자해라. 당신이 그렇게 사는 데는 다 이유가 있다."

억대 연봉자들은 자신의 가치를 최고로 만든다

세일즈도 하나의 트레이닝이다.
체계적인 훈련을 통해 세일즈의 달인이 될 수 있다.
-톰 홉킨스(Tom Hopkins)

얼마 전 읽은 《고객이 스스로 사게 하라》의 작가 신상희의 이야기는 아주 재미있다. 그녀는 남들과 똑같은 화장품을 팔면서 스스로를 특별한 가치를 지닌 명품으로 만들어 억대 연봉자 반열에 오른 1퍼센의 영업자이다. 그녀는 자신을 대표할 브랜드로 '신상뷰티클래스'라는 이름을 만들고 고객들에게 화장품, 메이크업, 이미지, 헤어 등 여자들이 좋아하고 관심이 가질 만한 정보를 제공했다. 아울러 원하는 고객들을 무료로 꾸며주며 아름답게 컨설팅해주었다.

또한 자신을 '피부로 먹고사는 여자'라고 소개하며 자신의 가치를 명품으로 만들어나갔다. 고객들에게 화장품을 파는 영업 사원이 아니라 자신을 아름답게 꾸며주는 컨설턴트로 다가간 것이다. 그녀는 고객들에게 화장품을 판매하지 않았다. 스스로를 특별한 가치를 지닌 사람으로 만들어 나감으로써 고객 스스로 제품을 구매하게 만들었다.

자신의 가치를 전달하라

한 번은 나를 소개받았다며 중소기업의 대표에게서 컨설팅 의뢰가 들어왔다. 그런데 그 회사에는 이미 담당 컨설턴트가 한 명 있었다.

"대표님, 컨설팅 담당자가 있는데 왜 저를 부르신 거죠?"

"그냥 친구 얘기를 들어보니까, 기존 컨설팅 담당자하고는 계약을 해지하고 안 팀장한테 맡기는 것이 나을 것 같아서."

"대표님, 지금 컨설턴트가 스펙도 좋고, 제가 들어보니 웬만한 것들은 다 해주고 계시던데요. 그리고 저는 그분보다 비용도 훨씬 비싸요."

"그래도 그냥 안 팀장한테 컨설팅을 받는 게 훨씬 좋을 것 같아."

내가 그 회사를 맡는다 해도 전에 기존 담당자가 하던 것을 이어서 하는 수준밖에 되지 않을 터였다. 나는 항상 고객에게 해주는 만큼 받는 give & take를 원칙으로 하기 때문에 사실대로 이야기해주었다.

"대표님, 지금 담당 컨설턴트가 엄청 잘하고 있는 겁니다. 비용도 매우 저렴하고요. 계속 맡기는 게 좋을 것 같습니다. 대신 제가 몇 가지 대표님이 원하시는 것만 설명해드리고 갈게요."

"그래도 일 처리하는 게 왠지 신뢰가 안 가. 그냥 안 팀장이 맡아줘!"

대표는 계속 나에게 컨설팅을 부탁했다. 나는 그럼 하루만 고민할 시간을 달라고 이야기하고는 자리에서 일어났다. 그리고 다음 날 죄송하지만 그 회사의 일을 맡지 않겠다고 정중히 말씀드렸다.

그냥 같은 업계에서 일하며 상도를 어기는 것 같기도 했고, 내가 한다고 해서 회사에 특별한 일이 일어나지 않는 한 똑같은 업무를 되풀이할 게 뻔했기 때문이다. 그런데 담당자는 왜 나보다 많은 일을 해주면서 좋은 소리를 듣지 못했을까? 아마도 자신의 가치를 고객에게 충분히 전달하지 못했기 때문이라는 생각이 든다. 그래서 고객의 신뢰를 얻지 못했고, 고객에게 심리적 위안을 주지 못한 것이다.

고객은 당신의 가치에 반응한다

우리 컨설턴트를 찾는 고객 중 상당수는 심리적인 위안 때문에 계약을 하는 분이 많다. 우리와 계약함으로써 회사가 더욱 발전할 수 있고 어떤 일에도 안정적으로 대처할 수 있다는 심리가 작용한다. 위의 컨설턴트는 나보다 뛰어난 머리로 많은 자격증을 취득하고 좋은 스펙을 지녔지만 영업에 관해서는 조금 약했던 것 같다. 일단 첫 번째 문제는 비용이 너무 어정쩡하다. 저렴하게 하려면 확실히 저가로 가고, 아니면 나처럼 확실히 고가의 비용으로 가야 임팩트가 생기고 포지셔닝이 가능한데, 그냥 이도 저도 아닌 어중간한 가격이었다. 그리고 두 번째 문제는 고객에게 너무 많은 것을 해주고 있었다. 아마 내가 컨설팅을 했다면 그분의 딱 반만큼 일했을 것 같다. 영업자가 세상에서 가장 많은 혜택을 준다 해도 고객이 모른다면 아무것도 하지 않은 것과 같다. 고객이 좋아하고 기뻐할 만한 것들을 해주어야 하는 것이다. 하면 좋지만 고객이 귀찮아하고 별로 티도 안 나는 일은 안 하느니만 못하다. 나는 내 고객에게 어떤 일을 해주더라도 최대한 생색을 낸다.

"이건 대표님만 특별히 해드리는 거예요. 저니까 이렇게 해드리지 다른 사람들은 하지도 못해요."

웃기는 이야기라고 할 수도 있겠지만 이건 매우 중요한 문제다. 내가 이렇게 말함으로써 고객은 자신의 선택에 만족해하고, 나는 오직 나만이 할 수 있는 일이란 걸 강조하며 가치를 스스로 높이는 것이다. 누구도 내 가치를 만들어주지 않는다. 영업자들은 항상 스스로의 가치를 최대한 높게 만들어야 하고 자신의 특별한 가치를 고객에게 어필해야 한다. 그래야 영업자가 아닌 고객들이 스스로 찾아오게 되는 것이다.

영업자들은 어디에서나 볼 수 있는 흔한 영업자가 아닌 자신만의 특별한 가치를 지닌 명품이 되어야 한다. 명품에게 불황은 두렵지 않다. 지금부터라도 당신만의 특별한 가치를 지닌 명품 영업자가 되길 바란다. 고객은 언제나 당신의 가치에 반응한다.

억대 연봉자들은
남들이 가지 않은 길을 간다

장애물을 부숴라. 거침없이 행동하라.
경쟁에서 눈길을 떼지 마라.
- 에스티 로더(Estee Lauder)

　최고의 영업자가 되기 위해선 경쟁자들과 달라야 한다. 특별한 당신만의 브랜드를 만들고 차별화시켜야 이 치열한 영업의 전쟁터에서 살아남을 수 있다. 하지만 경쟁자들이 너무 많다. 내가 하려고 하는 것을 다른 경쟁자들이 선점한 경우가 다반사다. 사람들은 '레드오션'에 너무 지쳤다고 말하며 항상 '블루오션'을 꿈꾸며 찾고 있다. 그런데 그 블루오션을 찾아내기가 너무나 힘들다. 도저히 찾을 수가 없다. 정말 이제는 블루오션이라는 것이 없어진 것일까? 하지만 블루오션이 없는 게 아니라 블루오션에 도전할 용기가 없는 것이다.

　블루오션의 뜻은 '경쟁자'들이 존재하지 않는 '유망시장'이라는 뜻인데 아무도 하고 있지 않으니 겁나고 두려워서 도전할 용기가 없는 것이다.

당신이 최고가 되는 가장 좋은 방법은 바로 아무도 도전하지 않는 것에 가장 먼저 도전하는 '퍼스트 펭귄'이 되는 것이다. '퍼스트 펭귄'이란 펭귄 무리의 습성에서 착안한 경제 용어로 무리지어 생활하는 펭귄들은 먹이를 찾기 위해 바다로 뛰어들어야 한다. 하지만 바다의 포식자가 두려워 아무도 쉽게 바닷속으로 뛰어들지 않는다. 그때 무리 중 한 마리의 펭귄이 바다로 뛰어들면 다른 펭귄들도 모두 뛰어든다. 그래서 불확실성을 감수하고 용감하게 도전하는 선구자를 '퍼스트 펭귄'이라고 부른다. 남들이 가지 않은 길로 가는 '퍼스트 펭귄'이 되는 순간, 당신은 이미 그것만으로도 차별화되고 최초이자 최고가 되는 것이다.

차별화를 원하면 아무도 가지 않은 길을 가라

다음은 《삼채총각 이야기》의 작가이자 '삼채나라 진천삼채 영농조합법인'과 '(주)내추럴니즈 농업회사법인'의 대표 그리고 강연가로서 성공한 삶을 살고 있는 20대의 창농 CEO 김선영 대표의 이야기다. 그에게는 대단한 스펙도, 특별한 경험도 없었다. 하지만 그는 젊은 사람이라면 누구나 도전하기 꺼려하는 농업에 도전했고 '삼채'라는 생소한 작물을 재배해 창농계의 '퍼스트 펭귄'으로 자리 잡을 수 있었다. 많은 매스컴의 주목을 받으며 성공가도를 달린 것은 물론이다.

물론 그의 창농 스토리를 들어보면 성공할 수밖에 없는 대단한 사람이라는 것을 알 수 있다. 무일푼에 목표만 가지고 사업 계획을 작성했다. 그 후 정부 지원 자금 2억 원을 대출받아 토지를 매입하고 새벽 5시부터 하루 종일 고된 노동을 했다. 그렇게 해서 인터넷을 비롯한 유통 판로를 개척해

연 매출 20억 원을 바라보는 대단한 창농 CEO가 되었다. 하지만 그를 가장 빛나게 해주는 것은 20대의 젊은 나이에 과감하게 아무도 하지 않는 도전을 했다는 것이다.

만약 김선영 대표가 40~50대였다면, 그리고 창농이 아닌 다른 분야를 선택했다면 절대로 지금처럼 주목받지 못했을 것이다. 아무도 가지 않은 길을 택하는 것만으로도 당신은 특별한 존재가 된다. 색다른 도전은 마케팅을 할수록 매스컴의 주목을 받고, 많은 사람에게 알려지면 자연히 성공의 길로 들어설 수 있다. 그러기 위해서는 절대 도전하는 것을 두려워해서는 안 된다.

넘버원이 아니라 온리 원이 되라

여기 또 한 명의 도전으로 성공을 거둔 영업인을 소개하려 한다. 2002년부터 2007년까지 한 번도 빼놓지 않고 판매왕을 차지한 대우자동차의 트럭 파는 여자 박은화 부장의 이야기다. 그녀가 판매하는 차종은 덤프트럭이나 유조차, 탑차, 레미콘 같은 8톤 이상의 대형차다.

자동차를 파는 여자 영업 사원은 많지만 그녀는 대형차를 판매하는 여성 1호 영업인이 되었다. 그녀가 2006년 한 해에만 판매한 차량은 무려 750대에 달한다. 하루에 두 대 이상을 판매했으니 대한민국의 '조 지라드'라고 해도 손색이 없을 것이다.

밤 11시에 고객의 사고 소식을 듣고 직접 부품을 구해 강원도까지 가져다주는 열정과 노력이 그녀를 최고의 영업자로 만들어주었다. 하지만 트럭 파는 '여성 1호 영업인'이라는 퍼스트 펭귄의 마케팅 효과도 충분히 누렸다는 생각이 든다.

성공으로 가는 많은 방법 중 아주 단순한 진리가 있다. 넘버원이 되거나 온리 원이 되는 것이다. 하지만 당신이 아무도 도전하지 않은 분야의 '퍼스트 펭귄'이 될 수 있다면 두 가지 모두를 가질 수도 있게 된다. 도전을 두려워하지 말고, 도전을 멈추어서도 안 된다.

나는 다시 영업을 시작한 지 3년이 되었고, 억대 연봉을 달성하는 1퍼센트의 영업자 반열에 오르면서 이제 겨우 빚도 모두 갚고 여유로운 생활을 즐기는 안정권에 들어왔다. 하지만 부모님께서 물려준 이 대책 없고 겁 없이 도전하는 DNA는 멈추지 않는 것 같다.

서른 중반의 나이가 되가면서 이제는 멈추고 싶을 때도 있지만, 한 번 하고 싶은 일이 생기면 계속해서 그 일에 대한 아이디어가 떠오르고 도전해 보고 싶은 마음에 가슴이 두근거린다.

이번에 내가 새롭게 도전하는 분야는 일반적인 세일즈 코치, 영업인 코치가 아닌 내가 현재 가장 잘하고 있는 분야의 경영 컨설팅을 코치해주는 회사를 창업하는 것이다. 내가 가장 잘 알고 잘하는 분야에 대해 배우고 싶어 하고 코치를 받고 싶어 하는 사람들을 상대하는 것이다. 경영 컨설팅 회사는 많이 존재하고, 자격증 또한 많다. 하지만 이 분야에 단계별로 집중적이고 체계적으로 교육하는 회사는 최초일 거라는 생각이 든다. 직원들은 또 반대를 한다.

"이제 조금 안정적인데, 왜 또 일을 벌이세요? 이러다 망하면 어쩌시려고요?"

"어차피 영업은 매일매일 도전을 반복하는 거야. 그리고 쫄지 좀 마. 망

해도 우리 안 굶어 죽어."

두려움을 이겨내고 도전의 길을 걸어라

나는 도전하는 것이 두렵지 않다. 한 번 뼈아픈 실패를 경험해봤기에 그게 얼마나 무서운지 안다. 그래서 더 도전하는 것이 두렵지 않다. '매도 맞아본 놈이 잘 맞는다'고 '한 번 이겨낸 것 두 번은 못 이겨 내겠는가!'라는 생각을 한다. 1인 창업에 대한 상담을 할 때 사람들이 가장 두려워하는 것은 도전에 대한 실패가 아니라 안정적이지 못한 생활이었다. 직장인에게 월급은 마약이라더니 정말 그런가 보다. 그때마다 사람들에게 이렇게 이야기해주었다.

"평생 지금처럼 힘들고 뼈 빠지게 일해서 300~400만 원 벌 바에는 그냥 맘 편히 하고 싶은 일에 도전하는 것이 더 낫지 않겠어요? 대단히 많이 갖고 있는 것도 아니고, 엄청난 수입을 버는 것도 아니면서 뭘 그렇게 두려워하세요!"

사람들은 지금 자신이 하고 있는 일이 대단한 밥줄이라는 착각 속에 빠져 있는 것 같다. 지금 당신이 서 있는 곳에서 한 발자국만 더 나아가면 훨씬 더 큰 세상이 존재하고, 무언가가 당신의 성공을 기다리고 있는데 말이다. 지금 당신의 손에 쥐어져 있는 것은 작은 조약돌 2개뿐이다. 큰 바위를 들기 위해서는 손에 있는 조약돌을 버려야 하는데, 아까워서 놓지 못하고 있으니 당연히 큰 바위를 들 수 없는 것이다.

지금 하고 싶은 일이 있다면 그게 무엇이든 당장 도전해보라. 아무도 하지 않고, 가지 않았다고 해서 두려워하지 말라. 많은 사람이 가는 길은 그만큼 더 험란하고 힘든 길일 뿐이다. 남들이 가지 않는 곳으로 가야 성공할 수 있다. 두려움을 이겨내고 '퍼스트 펭귄'이 되는 순간 모두가 당신을 주목할 것이다.

억대 연봉자들은
한 끝이 다르다

부자를 만드는 것은
통장잔고가 아니라 생각의 차이다.
- 폴 매케나(Paul McKenna)

"도대체 쟤는 뭔데 저렇게 잘하는 거야. 도대체 뭘 어떻게 하는 거야."

조직에 속해 있는 많은 영업자는 억대 연봉을 받는 영업자를 보고 이렇게 시샘한다. 억대 연봉의 영업자들과 자신의 차이는 무엇이냐고 자문하기도 한다. 나도 처음부터 억대 연봉을 받는 영업자는 아니었다. 처음 영업을 시작했던 시절에는 회사에서 나누어준 판촉물을 가득 채워 넣은 커다란 백을 둘러메고 '그래 이렇게 하루에 한 동네씩 모조리 돌아다니며 대한민국 사람 전부에게 나의 존재를 알리자'라는 생각으로 판촉 활동을 했다.

처음 시작한 게 대출 영업이었기 때문에 지인들에게 뭘 팔거나 부탁할 수도 없었다. 아무리 지인이라지만 "나 대출 영업하니 대출 좀 받아라" 이렇게 할 순 없지 않은가. 자존심이 워낙 강한 성격이라 지인들에게 부탁하고 싶지 않아 대출 영업을 택했는데, 처음에는 너무 힘들어 지인 영업이라도 할 수 있는 업종의 영업자들이 너무나 부러웠다. 영업을 하면서 가장 힘들고 고통스러운 일은 갈 곳도 없고 만날 사람도 없다는 것이었다.

그런데도 매일 무작정 열정과 패기만 믿고 동네 구석구석 돌아다니며 영업했다. 모든 영업이 그렇듯 어디를 가도 반겨주는 곳은 없었다. 영업 사원을 대하는 그 차가운 태도와 무시가 점점 더 나를 힘들게 했다. 그때마다 마음으로 다짐했다.

'나는 꼭 여기서 성공할 거야. 이깟 영업 하나 제대로 못하는 내가 도대체 어디 가서 무엇을 할 수 있겠어!'

처음부터 잘하는 사람은 없다

당시 나의 일과는 새벽 5시에 기상해 6시부터 회사 전단지를 차에 꽂는 일명 '차꽂이'부터 시작되었다. 9시에 회사에 출근하면 아침 조회를 마치고 판촉 지역으로 방문 영업을 나갔다. 항상 몸은 지치고 피곤했지만 성공을 향한 간절함과 성공한 영업인들의 모습 그리고 성공이 나에게 베풀 윤택한 삶, 그로 인해 기뻐할 가족의 모습이 나를 지탱해주었다.

하지만 내가 꿈꾸었던 희망은 곧 절망이 되어 돌아왔다. 2개월 동안 미친 듯이 하루 12시간 이상 강행군을 했음에도 불구하고 내가 거둔 성과는 제로였다. 선배와 상사들이 끊임없이 나를 위로하고 격려해주었다.

"규호야, 너는 무조건 잘될 거야. 걱정하지 말고 지금처럼만 해. 너처럼 열정적으로 부지런히 하는 애들은 금방 잘되니까. 걱정하지 마. 처음부터 잘하는 사람이 어디 있겠어. 걱정 마, 시간이 지나면 다 잘될 거야."

지금 생각해보면 당시 나는 어처구니없이 일했던 것 같다. 그 사람들 역시 그냥 별뜻 없이 나를 위로했던 것뿐이라는 생각이 든다.

회사의 톱 클래스에 있던 사람들이 어린 나이에 희망과 열정만 가지고 날뛰는 일개 신입 사원을 어떻게 생각했을지 궁금하다. 나 같은 신입 사원을 워낙 많이 봐서 그랬겠지만, 그래도 그토록 밤낮없이 열심히 일하는 나를 왜 이끌어주지 않고 방관만 했을까? 조금 서운하기도 하다.

2개월 동안 아무런 성과도 소득도 없는 내 모습을 돌이켜보며 더 이상 이렇게 해서는 안 되겠다 싶었다. 그래서 다른 방법을 찾기로 했다. 내가 가장 먼저 한 일은 시내에 있는 대형 서점으로 달려간 것이었다. 그곳에서 영업과 관련된 책을 모조리 구매해서 읽기 시작했다. 그 모습을 본 한 동료가 말했다.

"책에서 뭘 그렇게 배우겠어? 영업은 이론이 아니라 실전이야."

하지만 그 당시 나에게 제대로 된 영업 방법에 대해 가르쳐준 사람은 아무도 없었다. 나는 지푸라기라도 잡는 심정으로 영업에 관한 책을 모조리 읽으며 공부했다. 책은 나에게 가장 좋은 선생님이었고 유일한 희망이었다. 성공한 사람들의 책은 읽으면 읽을수록 더욱더 강한 동기 부여와 열정을 심어주었고, 많은 영업 스킬을 알려주었다.

나는 그중에서 당장 내가 쓸 수 있는 것, 나에게 맞는 방식을 골라 하나씩 실천하기 시작했다. 그때만 해도 영업 관련 서적은 지금처럼 브랜딩이나 가치, 기술적인 내용을 강조하기보다 열정과 끈기, 노력을 강조하는 게 전부였지만 나에겐 그것으로도 충분했다. 회사 동료들에게서는 절대로 느끼고 배울 수 없는 성공에 대한 강한 욕망과 열정을 심어준 것만으로도 그

책들은 나에게 투자 대비 천 배, 만 배 이상의 효과를 가져다주었다.

그 시절 나는 아직 어리고 가난했다. 그래서 일단 돈 안 드는 영업 방식부터 무작정 따라 했다. 고객들의 기억에 남을 수 있는 특이한 명함을 제작했고, 아무리 해도 절대 돈이 들지 않는 TM(telemarketing) 영업, 즉 전화를 돌리는 영업 방식을 선택했다.

수중에 가진 돈이 얼마 없었기에 당시 내가 할 수 있는 최선의 영업 방식이었다. 사무실 전화를 사용하기 때문에 전화비도 들지 않았고, 하루 종일 사무실에만 상주하니 밥이나 간식도 모두 선배들이 사줘 돈이 전혀 들지 않았다. 책에서 배운 대로 사람들이 흥미를 가질 수 있는 내용으로 멘트를 만들었고, 대면 영업이 아니기에 고객들에게 더 신뢰를 줄 수 있는 나만의 자기소개 멘트도 만들었다.

사람들은 전화를 받고 그 내용이 자신에게 도움 되지 않는 광고성 스팸이라고 인식하는 순간 바로 끊어버린다. 그래서 일단 고객들이 호기심과 흥미를 가질 만한 금융 정보와 질문을 던지며 대화를 이끌어나갔다. 처음 TM을 하려 할 때는 '과연 이 방법이 잘될까? 내가 잘할 수 있을까? 전화해서 욕만 먹고 끝나는 거 아니야?' 이런 생각에 심장이 떨리고 전화 버튼도 쉽게 누르지 못했다. 하지만 계속 꾸준히 하다 보니 고객들의 반응도 나쁘지 않고 점점 성과가 나타나기 시작했다. 정작 TM을 하며 가장 힘들었던 건 "이런 XXX 끊어" 같은 육두문자를 쏟아내고 차갑게 전화를 끊어버리는 고객들이 아니라 회사 사람들의 '눈'이었다.

"얼씨구, 하다 하다 안 되니까 별짓 다 하네. 남자 새끼가 TM은 무슨. 야, TM은 아니잖아. 그건 여자 사원들이나 하는 거지. 그리고 회사에서 아무도 안 하는데 왜 너만 그 짓을 하고 앉아 있어."

걱정과 부정으로 가득 찬 동료들의 말, 사무실에서 앉아 고객들에게 전화 돌리고 있는 나를 한심하다는 듯이 바라보는 그 눈빛이 나를 가장 힘들게 했다. 하지만 내가 시작한 일이고, 내가 선택할 수 있는 최선의 방법이라고 믿었다. 끝까지 한 번 해보고 싶었다. 나는 성공과 가족을 위해 무엇이든 해야 했고, 많은 돈을 벌어야 했다.

1개월을 TM 영업으로 가득 채우고 실적 마감 날, 내가 거둔 성과는 정말 놀라웠다. 그때 내가 다니던 곳은 대한민국 최고의 넘버원 캐피탈 회사였다. 근데 입사한 지 불과 3개월밖에 되지 않은 신입 사원이 당당히 2등을 한 것이다. 회사 사람들의 축하가 쏟아졌다.

"축하한다. 진짜 개고생 하더니. 결국 성공했네. 거봐, 열심히 하면 된다고 했잖아. 축하해."

아직도 그 마감 날 회식 자리가 잊히지 않는다. 많은 동료 앞에 서서 나의 영업 방식에 대해 자랑스럽게 이야기했고, 동료와 상사들의 축하 술잔이 끊이질 않았다. 만년 꼴찌 팀을 이끌어온 팀장님도 신입이 좋은 성과를 내고 꼴찌를 벗어났다는 사실에 한껏 기분이 들떴다.

"규호야, 너 1차 끝나고 근처에 남아 있어. 형이 오늘 좋은 데 한 번 데려갈 테니까."

모든 상사의 사랑을 독차지하고 주인공이 된 마감 날의 회식이었다.

작은 차이가 승패를 가른다

그 후로도 나는 계속 새로운 영업 방식에 대해 공부했다. 실적이 좋으니 경제사정도 넉넉해져 하고 싶은 다른 영업 방식에도 자유롭게 도전할 수 있었다. 나는 4개월째부터 1년 동안 단 한 번도 1등 자리를 내주지 않고 영광스럽게 퇴사할 수 있었다.

실적 제로의 꼴찌 사원에서 3개월 만에 일등 영업 사원으로 바뀌는 과정에서 나에게 큰 변화가 있었던 건 아니다. 단지 처음보다 더 많은 동기 부여와 열정을 가졌고 나 자신을 더욱 굳게 믿었다. 성공에 대한 열망이 절박했고, 가난한 현실을 빨리 벗어나고 싶었다. 그리고 나보다 잘하는 이른바 '톱 클래스'의 방법을 그대로 따라 했을 뿐이다. 처음 영업을 시작한 그때보다 훨씬 더 많은 연봉을 받는 지금도 별로 달라진 게 없다. 다만 성공에 대한 더 강렬한 욕망을 가지고 더 쉽고 효율적인 방법으로 영업할 뿐이다.

많은 억대 연봉 영업자들도 일반 영업 사원과 크게 다르지 않다. 그들도 항상 미래에 대해 불안을 느끼고 지쳐서 힘들어할 때가 많다. 하지만 정말 작지만 모르면 절대 할 수 없는 0과 1의 차이, 그 작은 차이가 영업에서의 승패를 갈라놓는다. 누구나 영업을 할 수는 있지만, 누구나 영업에서 성공할 수는 없다.

영업의 고수들은
열정의 온도가 다르다

사람이 한 가지 일만 열정적으로 잘해도
성공적이고 행복한 인생을 살아갈 수 있다.
주어진 현재의 일에 최선을 다하라.
– 브라이언 트레이시(Brian Tracy)

가진 빚만 25억, 돈이 없어서 소시지 한 개와 소주 한 병으로 끼니를 때우던 노숙자에서 열정 하나로 매출 800억 원이 넘는 중견 기업을 만들어 낸 열정의 화신 천호식품 김영식 회장. 매일 하루 30곳의 업체를 방문하고 27번의 문전박대에도 굴하지 않고 연평균 주행 거리 7만 킬로미터를 달리며 아무것도 없는 가정주부에서 9년 연속 보험왕 타이틀을 거머쥔 미래에셋 이경 팀장. 매일매일 최고가 되겠다는 미친 열정 하나로 새벽잠과 싸우며 노점상 직원에서 이제는 매출 600억의 '총각네 야채가게'를 탄생시킨 이영석 대표 등. 이렇게 우리는 열정 하나로 모든 고난을 이겨내고 최고 자리에 오른 많은 이의 성공 스토리를 접할 수 있다.

이렇듯 '열정'은 어떠한 고난과 역경도 이겨내고 모든 비즈니스를 성공으로 만들어주는 가장 강력한 무기다. 이것은 영업자에게만 아니라 인생을 살아가는 모든 사람에게 꼭 필요한 필수 요소다. 열정 없는 삶은 하루하루가 지치고 힘에 겨운 그저 죽지 못해 살아가는 영혼 없는 인생을 만든다.

고객은 판매자의 열정을 원한다

내가 지금까지 여러 영업직을 거치면서 처음 접하는 직종에서도 단기간에 성과를 낼 수 있었던 가장 큰 이유는 제품이 아닌 '열정'을 팔았기 때문이다. 내가 판매하는 상품에 대해 초창기부터 최고 전문가가 될 순 없다. 하지만 나를 만나는 모든 고객에게 나의 열정과 에너지를 최대한 쏟아냈고, 그 에너지를 느낀 고객은 모두 흔쾌히 나와 계약을 맺어주었다. 이것은 어떠한 직종이든 상관없이 포괄적으로 적용되는 방식이었다.

지금은 많은 경력이 쌓여 내 분야에서 최고의 전문가라고 자부하지만 나도 처음에 '보험'을 계약하고 '휴대폰'을 판매하고 '비데'를 렌트하고, '대출'을 판매할 때 아무것도 모르는 신입 시절이 있었다. 하지만 경력을 뒤집고 단기간에 휴대폰, 보험, 비데, 대출 모든 분야에서 최고의 성과를 낼 수 있었던 것은 고객들에게 최대한 나의 열정과 에너지를 표출하고, 고객들은 그 '열정과 에너지'를 느꼈기 때문이다.

모든 고객은 판매자의 열정을 원한다. 그것도 아주 강렬한 열정을 말이다. 판매자의 열정은 소비자의 구매를 촉진하고 아주 즐겁게 만들어준다. 생각해보라. 내가 식당에 음식을 먹으러 갔는데 활기차고 에너지 넘치는 가게라면 얼마나 음식이 더 맛있고 기분이 좋게 느껴지는지 말이다. 반대로 들어갔을 때 인사 소리부터 기운 빠지고 축 처지는 곳에서 식사를 하면 얼마나 찜찜하고 짜증나는지 말이다.

예전에 차를 바꾸기 위해 간단히 집 앞에서 운동을 한 후 일행과 함께 수원으로 올라간 적이 있다. 내가 사는 곳 천안에는 원하는 브랜드의 자동차 매장이 없어 가장 가까운 수원으로 가야 했다. 워낙 귀찮은 것을 싫어하는 스타일이라 얼른 올라가서 바로 계약하고 내려올 생각이었다. 마침 주말 오후여서 고속도로는 꽉 막혔다. 평소 30~40분이면 충분한 거리를 한 시간이 조금 넘게 달려 도착할 수 있었다. 좋은 브랜드의 매장답게 문을 열고 들어가니 여직원이 친절하게 인사를 했고, 담당 딜러가 다가왔다.

"어서 오세요. 어떤 차종을 보고 계시죠?"

"네, OO 차량 좀 보려고요"

"네, 이쪽으로 오세요.

그렇게 안내를 받으며 일행과 함께 차를 둘러보고 있었다. 그런데 그 영업 사원이 나에게 어떠한 질문이나 설명도 없이 뒤에서 떡하니 팔짱을 낀 채 '딱 보니 안 살 사이즌데 그냥 적당히 구경하고 가라' 이런 눈빛으로 날 쳐다보는 게 아닌가! 너무나 황당하고 어이가 없었다. 운동복 차림으로 온 어려 보이는 고객이어서 그랬던 걸까? 외제차 매장에 옷을 허름하게 입고 가면 무시당한다는 얘기를 뉴스에서 보았는데 내가 직접 경험하니 정말 황당했다. 그래도 '이왕 여기까지 온 거 사고 가야지' 하는 마음으로 두 가지 차종과 가격에 대해 물었다.

"이 차종과 이 차종은 어떤 차이가 있는 거죠?"

"그냥 옵션 차이죠 뭐!"

'이런 XXXX' 갑자기 속에서 화가 치밀고 욕이 목 끝까지 올라왔다. 고객의 질문에 저렇게 성의 없이 대충 말하다니, 그것도 한두 푼도 아닌 수천만 원의 고가 브랜드 차를 판다는 영업 사원이 말이다.

'이럴 거면 도대체 왜 영업 사원을 두나. 어차피 인터넷으로 다 검색하고 결정한 다음 오는 판국에. 이럴 바에는 차라리 무인자판기 하나 갖다놓고 신청받아서 영업 사원들 유지시킬 돈으로 차 값이나 더 빼주지.' 이런 생각이 강하게 들었다. 이건 뭐 판매를 하겠다는 것인지 말겠다는 건지. 짜증이 머리끝까지 올라왔다. '내가 100원짜리 하나도 당신한테는 안 산다. 그리고 수원까지 왔는데 이렇게 가긴 억울하다'라는 생각에 일부러 그 직원한테 차량을 사는 방법과 각 차종에 대해 아주 자세한 설명을 요구했다. 계속되는 그 성의 없는 답변을 한 시간가량 듣고 내가 말했다.

"참 불친절한 설명 잘 들었습니다."

나는 화가 난 마음에 그 영업자의 금같이 소중한 시간과 에너지를 뺏었다. 그리고 구입하고 싶던 차량을 기분 나쁘다는 이유로 사지 못해 계획에 차질을 빚었고 나 역시 많은 에너지를 소비했다. 아울러 그 영업 사원은 조금만 열정이 있었다면 편하게 성과를 올릴 수 있는 기회를 놓쳐버린 것이고, 나 역시 갖고 싶었던 브랜드가 아닌 차량을 구매했다. 이렇게 둘은 처음 만난 사이인데 소비자와 판매자라는 이유만으로 서로에게 많은 정신적, 물질적 피해를 입혔다.

이 직원의 문제는 친절이나 기술적인 측면이 아니라 그냥 열정이 없는 것이다. 열정 있는 사람이라면 절대로 그렇게 일할 수 없다.

영업의 고수들은
돈 버는 시스템을 안다

혁신을 일으키는 시스템은
시스템을 가지지 않는 것이다.
– 스티브 잡스(Steve Jobs)

이탤리언 레스토랑을 창업한 적이 있다. 아무것도 모르는 상태에서 '나는 뭐든지 할 수 있다'는 자신감 하나로 120평대의 식당을 덜컥 차린 것이다. 규모가 워낙 크다 보니 인건비도 많이 나갔고, 청구되는 공과금도 엄청났다. 그중 가스비는 한 달에 300만 원 넘게 나왔다. 가스비가 너무 많이 나가는 것 같아 주방 직원들에게 얘기했다.

"가스비가 왜 이렇게 많이 나오는 거예요?"

"그건 소스 온도를 유지하기 위해 불을 계속 켜둬야 하기 때문이에요."

"손님 없는 한가한 시간에는 꺼두었다가 다시 키세요. 한 달에 가스비를 300만 원씩 낸다는 건 너무 아깝잖아요. 최대한 가스비 줄이세요. 아끼신 금액만큼 주방 직원들 회식비로 내겠습니다."

"네, 최대한 노력하겠습니다."

그 뒤로 틈날 때마다 주방에 들어가 소스통의 불을 어떻게 하고 있는지 확인해보았다. 하지만 정말 한가한 시간에만 잠시 꺼두고 나머지 시간에는 또 그냥 불을 켜두는 것이었다. 직원들을 아무리 다그쳐도 그때뿐 소용이 없었다.

"깜빡했습니다."

"너무 식으면 안 됩니다."

"지금까지 바빠서 미처 챙기지 못했습니다."

여러 가지 핑계를 대며 별로 나아지지 않았다. 다음 달도 그다음 달도 가스비는 5만 원 정도밖에 줄지 않았다. 아무리 잔소리를 해도, 아낀 비용을 전 직원에게 돌려준다고 해도 좋아지지 않았다.

'도대체 어떻게 하면 가스비를 줄일 수 있을까?'

문득 전기밥솥이 떠올랐다.

'그래, 밥솥에 소스를 넣고 온도를 유지하면 되겠구나.'

'유레카'를 외치며 다음 날부터 소스를 전기밥솥에 넣어놓았다. 마침내 그 전기밥솥 하나가 매달 가스비를 50만 원 이상 절감해주었고, 나는 더 이상 입 아프게 직원들한테 잔소리할 필요가 없었다.

그때 깨달았다.

'사람을 바꾸려 하지 말고 시스템을 바꾸면 되는구나.'

그래서 지금은 무슨 일이 생기면 일단 사람보다는 어떻게 시스템을 변화시킬 수 있을까를 항상 고민한다. 아무리 시스템을 바꿔도 사람이 하지 않으면 끝이지만 시스템을 바꾸는 게 사람을 바꾸는 것보다 훨씬 빠르고 효율적이기 때문이다.

영업은 시스템이 반이다

처음 입사한 직원에게 영업을 가르치며 함께 데리고 다녔다. 그런데 이 녀석은 고객에게서 걸려오는 전화 상담에 너무 약했다. 말투가 느린 데다 할 말도 없는지 스스로 흐름을 끊는 "음~" 이런 추임새를 계속 넣으며 상담 전화의 50퍼센트는 날려버리는 것 같았다. 상담 내용을 녹음하고 잘못된 점을 지적하며 같이 시뮬레이션을 해주어도 크게 발전하지 않았다.

"너 언제까지 이렇게 어설프게 상담할 거야? 열심히 일했던 것이 전화 한 통으로 다 날아가버리면 너무 허무하잖아."

"아무리 해도 잘 고쳐지질 않아요."

"그럼 차라리 대본을 만들어서 외워버리자."

"대본이요? 그게 될까요?"

"일단 해보자. 해보면 알 거 아니야."

그렇게 이 녀석의 자연스러운 말투까지 넣어가며 전화 상담 대본을 만들었다. 확실히 효과는 나타났다. 고객들의 예상 질문에 대한 답변과 어떻게 대화를 이끌어나가고 미팅을 잡아야 하는지 모든 것이 적혀 있으니 성공 확률이 올라가기 시작했다. 대본대로 되지 않는 고객에 맞추어 대본을 수정하고 추가하며 성공 확률을 높여나갔다. 그리고 직원은 이제 억대 연봉을 향해 계속 달려가는 모범 사원이 되었다.

영업자에게 시스템은 매우 중요한 부분이다. 영업 활동에 관한 모든 것을 시스템으로 만들어놓는 것이 좋다. 잘하는 영업자의 스타일을 따라하는 것도 좋지만 그보다는 닮고 싶은 사람의 스타일에 자신의 색을 입히는 것이 가장 좋다.

기본은 영업 일지를 만드는 것이다. 많은 영업자가 영업 일지를 작성하고 있지만 체계적이지 않다. 아주 상세하고 디테일한 자신만의 영업 일지를 만들어야 한다. 그리고 영업 스타일 역시 시스템으로 만들어놓아야 한다. 나도 처음에는 영업 시스템을 어떻게 만들어야 할지 몰라 힘들었지만 많은 가르침과 공부를 통해 이를 체계화할 수 있었다.

자신만의 영업 시스템 구축하기

"시스템으로 성공 확률을 높여라."

항상 이렇게 얘기하는 영업 사원이 있다. 현장에서 영업하는 딜러이자 한성자동차의 11년 연속 벤츠 판매왕, 그리고 《죽기 살기로 3년만》의 저자이기도 한 신동일 이사다. 그의 강연을 듣고 책을 읽으면서 시스템의 중요성에 대해서 더 많이 배울 수 있었다. 그는 대기업에서 근무하며 배운 관리 시스템을 그대로 자신의 영업에 도입했다. 주먹구구식의 고객 관리와 지인 영업, 방문 영업이 대세인 자동차 영업에서 PDA와 프로그램을 만들어 혁신을 일으킨 장본인이다.

그에게 차량을 구매하는 고객은 회사에서 해주는 할인 이외에는 단 100원도 할인받을 수 없다. 하지만 차량에 문제가 생기면 직접 A/S를 맡기고 기존 차량의 판매와 자동차 보험까지 모든 것을 해결해주는 철저한 사후 관리 시스템으로 누적 판매 1500대를 돌파했고, 지금도 매년 100대 이상의 차량을 판매하고 있다.

영업 활동을 하며 고객과 나눈 대화를 녹음하고 고객의 정보를 구매 예상 차량, 직업, 취향, 차량 정비 일자 등 수십 가지의 카테고리로 분류해 관리하고 있다. 그리고 자신은 영업 활동에 전념하기 위해 업계 최초로 개인 비서를 고용해 고객 관리 시스템을 더욱더 강화했다. 현재 고용한 개인 비서만 10명이라고 하니 얼마나 체계화한 시스템으로 움직이고 있는지 알 수 있다. 그의 이런 시스템 영업은 아직도 계속 발전해가고 있다.

나 역시 영업 시스템을 체계화하기 위해 계속 노력하고 있다. 시스템은 영업의 성공 확률을 높여준다. 하지만 절대 잊지 말아야 하는 것은 고객들에게 '공장형 세일즈'를 해서는 안 된다는 것이다. 영업이나 세일즈, 마케팅 등 모든 분야의 전문가와 코치들이 어느 순간 획일적인 공장형 세일즈를 가르치고 있다.

획일적인 영업 활동은 언젠가 그 끝이 보이고, 고객은 새로운 것을 찾아간다. 그러지 않기 위해서는 당신만의 시스템을 꼭 구축해야 한다. 마케팅부터 고객과의 상담 방법, 계약 방법, 그리고 고객 관리와 추가 계약까지 모든 것을 당신의 시스템으로 만들어야 한다.

시스템이 없으면 오래가지 못하다

나도 처음 영업을 시작했을 때는 '에이, 뭘 그렇게까지 해. 나는 내 느낌대로 할 거야. 나는 누구보다 잘할 수 있으니까.' 이렇게 생각할 때가 있었다. 하지만 지금은 누구보다 영업 시스템의 중요성을 강조하고, 내가 만들어놓은 시스템을 지키기 위해 여직원도 한 명 고용하고 있다. 체계적인 영업 시스템을 만들면 고객을 놓칠 확률도 현저히 줄어들고, 약속을 어기거나 실수하는 횟수도 줄어든다. 하지만 가장 좋은 점은 수익이 늘어난다는 것이다.

내가 영업 시스템을 만들면서 가장 좋았던 것은 추가 계약을 많이 했다는 점이다. 요건에 맞추어 고객을 분류하고 한 번에 몰아서 내가 할 수 있는 모든 일을 해주는 것이 아니라, 시스템에 맞추어 시간을 두고 단계적으로 일을 나누어 진행한다. 기간을 두고 꾸준히 도움을 주자 1년이 넘어가는 시점에서 고객이 추가 계약을 맺어주기도 했다.

지금 당신의 영업은 체계적인 시스템을 갖추고 있는가? 아니라면 지금부터라도 하나씩 만들어나가기 바란다. 주먹구구식 영업은 언젠가 한계에 부닥친다. 지금 당신의 방식대로 수백 명의 고객을 상대할 수 있겠는가? 그때가 되면 만들겠다고? 그땐 이미 늦는다. 먼저 준비 없이 최고의 영업자가 될 수는 없다. 이제는 시스템으로 당신의 영업을 완성시켜라.

성공한 리더들은
리스크 테이킹에 강하다

행동의 가치는 그 행동을 끝까지 이루는 데 있다.
−징기스칸(Genghis Khan)

경제학 용어 중에 '리스크 테이킹(Risk Taking)'이라는 단어가 있다. 위험을 인지한 후에도 행동에 나서는 것을 뜻하는 용어다.

며칠을 굶어 배가 고픈 남자 2명이 있다. 이들에게 한 조각의 사과가 주어졌다. 미친 듯이 배가 고픈 두 남자에게 사과 한 조각이 만족스러울 수 있을까? 저 사람의 사과마저 내가 모두 먹고 싶다면 어떻게 해야 할까? 방법은 하나뿐일 것이다. 바로 싸워서 빼앗는 것이다.

만약 싸움에서 진다면 가지고 있는 사과까지 빼앗길 것이다. 하지만 이길 자신이 있고 사과를 꼭 가지고 싶다면 이를 감수해야 한다. 이것이 바로 리스크 테이킹이다.

사람들은 한정적인 자원을 누가 더 많이 갖고 있느냐에 따라 성공의 척

도를 매긴다. 최고의 영업자와 성공한 CEO, 요컨대 자기 분야에서 성공한 모든 사람은 이 리스크 테이킹 능력이 다른 사람보다 월등히 뛰어나다고 한다. 위험을 무릅쓰고 상대방과 겨루어 더 많은 수익을 창출해내는 능력이 있기에 성공할 수 있었던 것이다.

많은 영업자가 고객과의 싸움을 두려워한다. 판매하지 못할 거라는 두려움에 지레 겁을 먹고 고객에게 휘둘리다가 결국 지고 만다. 나는 영업은 고객과 영업자 간의 싸움이라고 생각한다. 싸움에서 이겨야 고객을 내 뜻대로 리드해나갈 수 있는 것이다. 영업자가 고객에게 지면 판매도 못할뿐더러 판매한다 해도 남는 게 별로 없다. 상처뿐인 영광만 남게 된다.

모든 고객에게 사랑받을 순 없다

"대표님, 이건 아니잖아요. 왜 대표님 마음대로 이렇게 하세요!"
"지금 뭐 하자는 거야. 날 가르치는 거야."

고객과 큰 언성이 오고 간다. 흔히 내가 겪는 일 중 하나다. 나는 지금까지 영업을 하면서 고객과 자주 싸움을 했다. 클레임에 관한 것이 아니라 상담 도중에 싸우는 경우도 있다. 어쨌든 크고 작은 일로 2개월에 한 번씩은 꼭 싸우는 것 같다. 내가 일하는 모습을 본 사람들이 신기해할 정도다.

"아니, 어떻게 이렇게 하는데 잘하지? 신기하네."

나에게는 나쁜 습관이 하나 있는데, 사람들과 이야기할 때 팔짱을 끼고 다리를 꼬아 앉는 것이다. 처음 영업을 시작할 때부터 상담 자세가 너무 불량하다는 지적을 많이 받았는데, 10년이 지난 지금도 결국 고치지 못했다. 고쳐보려고 노력했지만 단정한 자세를 취하면 내가 왠지 약해지는 것 같아 상담이 잘 풀리지 않았다. 반면 가장 편안하고 안정적인 자세를 취할 때 가장 좋은 결과가 나왔다. 그래서 결국 '에이, 그냥 내 스타일대로 할래' 하고 고치지 않았다. 그런데 지금 내 생각은 완전히 바뀌었다. 다른 사람들이 내 영업 모습이 신기하다고 말하는 것은 영업자는 '을'이라는 생각이 의식에 박혀 있기 때문이다.

나는 항상 '갑'이 되는 영업을 추구한다. 절대로 '을'이 되지 않는다. 그러다 보니 고객들과 충돌하는 경우가 많은데, 그렇다고 해서 계약 성사가 안 되는 것은 또 아니다. 오히려 한 번 고객과 시원하게 싸우고 사과하면 사이가 더 돈독해지고, 고객도 나를 더욱 존중하고 대접해준다. 나의 방식은 남자들끼리 한 번 싸우고 난 다음에 더 친해지는 것과 같다고 생각한다. 물론 '미친놈'이라고 욕하며 자리를 뜨는 고객도 있다. 하지만 충성 고객이 훨씬 더 많아지고 매출은 더욱 올라간다.

모든 사람에게 사랑받으며 살 수 없듯 모든 고객에게 사랑받을 수는 없다. 당신에게 맞는 방식으로 영업하고, 당신을 좋아하는 사람만 충성고객으로 만들면 된다. 모든 고객을 만족시키려 하다가는 고객의 '노예'로 전락해버리고 만다. 고객에게 한두 번 지고 휘둘리다 보면 무엇을 위해 이 일을 하고 있는 건지, 어떤 일을 하고 있는 건지조차도 잃어버리게 된다. 그리고 결국은 당신 자신을 잃어버리고 만다. 당신이 영업하는 것은 당신 자신을 위해서지 고객을 위해서가 아니라는 사실을 잊어서는 절대 안 된다.

고객을 잃어도 나를 잃지 말아라

다음은 한 대학에서 실험한 내용이다. 모래 상자 안에 쥐를 넣고 매일 지정된 위치에 먹이를 놓는다. 그리고 며칠 후에는 모래에 살짝 파묻어서 먹이를 놔준다. 그러면 쥐는 다가와 모래를 파내 먹이를 먹는다. 시간이 지날수록 먹이를 조금씩 더 깊게 모래에 파묻는다. 쥐는 매일 열심히 모래를 파서 먹이를 맛있게 먹는다. 그러던 어느 날, 먹이를 모래 속에 넣는 대신 처음처럼 그냥 모래 위에 올려놔주었다.

과연 쥐는 어떻게 행동했을까? 쥐는 다른 날과 변함없이 열심히 모래를 파기 시작했다. 먹이가 바로 눈앞에 있는데도 말이다. 처음에 쥐가 모래를 파기 시작한 이유는 먹이를 먹기 위해서였지만, 어느새 자신이 왜, 무엇을 위해서 모래를 파고 있는지 잊어버리고 만 것이다. 쥐는 자신의 목적과 이유를 망각한 채 그냥 습관적으로 모래를 팠던 것이다.

당신도 이 부분에서 스스로의 영업에 대해 다시 한 번 생각해봐야 한다. '나는 왜, 무엇을 위해서 영업하고 있는가?' 당신 자신을 위해서, 많은 돈을 벌고 여유로운 시간과 안락한 삶을 위해서 시작한 영업이 지금 어떤 방향으로 흘러가고 있는지 말이다. 고객을 위하느라 정작 당신 자신을 잃어버리고 있는 건 아닌지 말이다. 내가 마음에 안 들어 떠나간 고객이 있다면 잊어버리고 다른 고객을 찾으면 된다. 하지만 당신 자신을 잃어버리는 순간, 목적을 망각한 쥐처럼 모든 것을 잃어버리고 만다.

친한 선배 중에 나랑 성격이 비슷한 한의사가 있다. 성격과 일하는 스타일이 너무 잘 맞아 바쁘더라도 꼭 시간을 내서 대화를 나누곤 한다. 내성적이지만 강한 성격의 소유자고 자신이 정한 원칙에 어긋나게 한의원을 운영하지 않는다. 그 선배의 첫 번째 원칙은 환자와 절대 타협하지 않는다는 것이다. 병을 가장 빠르게 고치는 방법은 의사의 말을 듣는 것인데, 환자의 요구를 들어주다 보면 병을 고칠 수 없다는 것이다. 그래서 자기 말을 듣지 않는 환자들과 싸움이 벌어지곤 했다. 처음 개원했을 때는 동네에서 '싸가지' 없는 한의사라는 소문이 돌아 잠시 힘들 때도 있었다. 하지만 자신의 원칙대로 꾸준하고 성실하게 운영한 결과 지금은 여기가 한의원인지 시장인지 모를 정도로 언제나 환자들로 북새통을 이룬다. 개원한 지 4년도 채 되지 않는데 다른 한의원 컨설팅 사업까지 겸하고 있다.

이 선배는 자신의 원칙을 계속 지켜나갔다. 잠시 매출이 떨어지고 힘들다고 해서 자신의 원칙을 깨뜨리고 환자들의 요구 사항을 들어주었다면 지금처럼 성공하지 못했을 것이다. 영업자도 마찬가지다. 원칙을 깨고 고객에게 모든 것을 맞추는 순간, 잠깐은 실적을 올릴 수 있겠지만 결국에는 가장 소중한 당신 자신을 잊어버리고 만다. 당신이 이 힘든 영업을 하고 있는 것은 당신의 성공을 위해서라는 사실을 잊지 말자. 잃어버린 고객은 언제든 다시 찾을 수 있지만, 한 번 잃어버린 당신의 모습과 시간은 두 번 다시 찾을 수 없다.

2장

내가 억대 연봉자가 되어
알게 된 것들
Learn and Run

영업은 누구에게나 부자가 될 수 있는
평등한 기회를 제공하는 최고의 직종이다.
스펙이 없는 사람도, 나이가 많아 다른 회사에 취직할 기회를
제공받지 못하거나 혹은 은퇴할 시기가 된 나이더라도
영업은 모두에게 평등한 기회를 제공한다.

이기는 영업을 위한 10가지 조언

- 고객과 협상하지 마라.
- 절대 지인 영업을 하지 마라.
- 자신의 가치를 최고로 만들어라.
- 착한 영업을 고집하지 마라.
- 고객이 듣고 싶어 하는 진짜 이야기를 하라.
- 배움에 돈을 아끼지 마라.
- 자기 경영에 소홀히 하지 마라.
- 고객 감동의 노예가 되지 마라.
- 고객의 불평불만에 귀를 기울여라.
- 작은 일이라도 완료하는 습관을 만들어라.

영업은
이론이 아니라 실전이다

실험을 통해 경험을 얻을 수 없다.
만들 수도 없다.
반드시 겪어야 한다.
- 알베르 카뮈(Albert Camus)

나는 스물네 살의 어린 나이에 처음 시작한 대출 영업으로 억대 연봉을 달성했고, 많은 돈을 모아 새로운 사업에 도전했다. 운 좋게도 하는 사업이 잘되어 한때는 내가 사는 지역의 또래 중 나보다 돈 많이 버는 사람은 없다고 할 정도로 여유 있는 삶을 누렸다. 하지만 결국에는 사업 실패로 수억 원의 빚만 잔뜩 지고 다시 영업의 세계로 돌아왔다.

사업 실패 후 처음 한 영업은 휴대폰 판매였는데, 그래도 한때 영업왕 출신인지라 입사하자마자 회사에서 최고 실적을 달성했다. 한 달 수입도 400~500백만 원 정도로 그럭저럭 나쁘지 않았다. 하지만 과거 사업을 하면서 번 돈에 비해서는 너무 적은 수입이었고, 이것으로는 미래를 위한 삶은커녕 생활하기도 빠듯했다. 평생 생활고에 시달리고 빚만 갚으며 살아가고 싶지는 않았다. 어떻게든 더 많은 수입을 낼 수 있는 다른 일을 해야 했다.

자신을 증명하기 위해 끊임없이 움직여라

두 번째 취직을 하기 위해 찾아간 곳이 지금의 나를 있게 해준 '경영 컨설팅' 회사였다. 대출 영업을 하면서부터 기업 컨설팅이라는 분야에 관심이 있었는데, 마침 이 회사에서 경리를 뽑는다는 구인 광고를 보고 찾아간 터였다. 나는 이 회사에서 꼭 일하고 싶어 찾아왔으니 기회를 달라고 부탁했다. 두 명의 상사가 내 면접을 보았다.

"지금까지 어떤 일을 하셨나요?"

"캐피탈부터 비데, 휴대폰 판매까지 오랜 영업 경력이 있기 때문에 자신 있습니다."

"한 달에 급여를 얼마를 받고 싶으시죠?"

"네, 한 달에 1000만 원을 버는 것이 제 목표입니다."

"네, 잘 알았고 연락드리겠습니다."

영업 사원을 모집한다는 광고를 내지도 않았는데 영업을 하겠다고 제 발로 찾아온 나에 대한 식상한 면접은 그렇게 끝났고, 떨어질 줄만 알았던 회사에서 저녁에 연락이 와 내일 다시 한 번 면접을 보고 싶다고 했다. 다음 날은 본부장님 그리고 또 다음 날은 대표님과 면접을 본 끝에 입사할 수 있었다.

세 번이나 면접을 본 이유는 스펙도 없고 건방져 보이는 내가 맘에 들지 않아 뽑지 않으려 했는데, 대표님께서 그래도 용기가 있다며 본인이 직접

한 번 보겠다고 했기 때문이다. 대표님이 다음 주부터 출근하라고 얘기한 후에도 처음 면접을 본 선배들은 끝까지 반대했다고 한다. 그때 날 거둬준 대표님께 정말 감사하다는 말을 전하고 싶다.

기업 컨설팅을 하기 위해 나에게 주어진 공부의 양은 실로 어마어마했다. '세무, 노무, 법무, 정책 자금, 연구소 등' 한 가지도 마스터하기 힘든 생소한 분야를 모두 공부해야 한다고 했다. 어떤 일이든 자신감 하나로 '그까짓 것 못하겠어!' 생각하는 나였지만 '이걸 정말 다 알아야 하는 건가? 내가 다 할 수 있을까?' 걱정부터 앞섰다. 하지만 내 발로 찾아온 이상 절대 포기할 수 없었다. 이 일에 내 시간을 투자할 만한 비전이 있다고 판단했다.

회사의 선임들은 각기 전문 분야를 갖고 있는 전직 은행원, 법무사, 기업연구소 출신 등으로 좋은 스펙을 지닌 평균 10년 이상 경력의 베테랑이었다. 이쪽 일을 처음 접한 나는 정말 막막하기 그지없었다. 항상 선배들은 나에게 이렇게 말했다.

"적어도 1년은 배운다 생각하고 공부만 열심히 해. 우리도 돈 버는 데까지 다들 1~2년씩 걸렸으니까. 너는 아는 게 없으니까 더 오래 걸린다고 생각하고 마음 비워라."

항상 스펙이 없고 영업 출신이라는 것을 강조하며 나를 무시하듯 대했다. 그리고 이론을 매우 강조했다. 내일 당장 밥 먹을 돈도 없고 영업을 거치면서 이론보다는 실전이 중요하다는 걸 알았기에 나는 '무조건 한 달 안에 계약한다. 나는 할 수 있다. 할 수 있다. 뭔가를 보여주겠다'고 다짐했다. 낮에는 선임들을 따라다니며 일을 배우고 저녁에는 집에 와서 배운 것을 복습하고 주말에는 일용직과 각종 아르바이트로 생계를 이어가며 버텼다.

이론은 결코 실전을 이길 수 없다

그러던 어느 날, 법조계 출신 선임의 현장에 동행한 나는 한 기업체 대표와의 미팅에 참석했다. 선임은 대표에게 자신의 엄청난 지식을 쏟아냈다. 대표는 감탄했지만 제대로 알아듣지는 못하는 것 같았다. 내가 볼 때 그건 비즈니스 미팅이라기보다 흡사 학생을 앉혀놓고 강의하는 선생님의 모습 같았다.

'뭐지, 저게 비즈니스 미팅인가? 저건 그냥 혼자만의 지식 자랑 아닌가? 원래 이 일은 이런 식으로 하는 건가?'

그 선임은 비즈니스 미팅을 한 것이 아니었다. 그냥 자신의 엄청난 지식을 자랑한 것이다. 선임의 미팅은 계약으로 성사되지 않았고, 나는 이론만 조금 더 뒷받침되면 내가 훨씬 잘할 수 있다는 확신이 들었다. 그리고 미팅에 동석할 때마다 그 내용을 부지런히 받아 적으며 공부를 게을리하지 않았다. 그러다 보니 모든 기업에서 궁금해하는 공통점 몇 가지를 발견할 수 있었다.

어차피 내가 단기간에 공부해서 따라잡을 수 있는 지식이 아닌지라 공통적으로 궁금해하는 것 너댓 가지만 추려서 죽어라 파고들었다. 선임들과 동행하며 공부한 지 한 달 만에 대표님께 지금 형편이 너무 나빠 더 이상 버틸 수 없으니 개인 영업을 나갈 수 있게 해달라고 부탁했다. 대표님은 아직은 무리라고 걱정하면서도 허락했다.

드디어 영업을 하러 나갈 수 있다는 생각에 너무 행복했다. 밑바닥 영업 출신이라 개척 영업은 자신이 있었다. 이론이 부족한 게 가장 두려웠지만 '까짓것 한 번 해보자'는 마음으로 무작정 현장으로 나갔다.

개척 영업은 생각보다 수월하게 진행됐고 많은 미팅 기회가 주어졌다. 기업체 대표들과 미팅할 때는 아는 게 적기 때문에 말을 최대한 아끼고 질문 위주로 대화를 리드했다. 모르는 것에 대해 물어볼 때마다 등에서 식은 땀이 났지만 절대 당황한 티를 내지 않았다.

내가 초짜라는 사실을 들키는 순간 계약은 끝이라는 걸 알기에 자연스럽게 "아~ 네, 그 부분은 제가 자세히 체크해서 이따 전화로 정확히 알려드릴게요" 하는 식으로 넘어갔다. 그렇게 힘든 미팅을 마무리한 뒤에는 얼른 사무실로 돌아와 모르는 것을 공부하고 선임들에게 조언을 구한 다음 일을 진행해나갔다.

그만큼 나는 절실하고 간절했다. 그래서 안 된다는 모두의 걱정을 무릅쓰고 현장에서 직접 부딪힌 결과 마침내 3개월 만에 일등의 실적을 올릴 수 있었다.

나를 무시하고 싶어했던 일부 회사 사람들은 '쟤 어디서 사기 치고 다니는 거 아니야? 도대체 뭘 안다고 영업하고 다녀? 저러다 일 터진다' 등 걱정 아닌 걱정을 해주었지만 결국 나는 퇴사하는 날까지 실적 1위를 유지할 수 있었다.

내가 퇴사를 결심하고 1인 기업을 창업한다고 했을 때에도 부정적인 의견이 많았다.

"아니, 지금 뭐가 부족해서 그런 짓을 하냐? 아직은 때가 아니다. 혼자서는 안 된다."

부정 섞인 걱정뿐이었지만 결국 나의 성공적인 1인 창업을 보며 많은 동료가 내 뒤를 따라 창업을 결행했다. 지금 우리는 일주일에 한 번씩 만나 서로의 정보를 교류한다. 특히 나는 그들에게서 전문 분야에 관한 지식을 얻고, 그들은 나에게 영업에 대한 조언을 구한다.

실전을 거듭하면 촉이 생긴다

내가 이론이 필요 없다고 말하는 것이 아니다. 나도 강의를 하며 이론의 중요성을 강조한다. 하지만 제아무리 이론 박사여도 실전에 강해야 한다. 이론만 알고 실적 없는 영업자는 필요 없다. 영업자가 가장 빛나는 순간은 실적과 성과를 만들어냈을 때다. 영업자는 실적을 위해 존재하며 실적이 '계급장'이고 '인격'이기 때문이다.

'나는 아직 신입이고 잘 모르니까, 경력이 쌓이면 잘될 거야. 시간이 지나면 저절로 좋아지겠지.'

이런 말도 안 되는 생각을 하는 영업자가 많다. 영업은 실전에서 하는 것이고, 그 속에서 부딪히고 싸워가며 만들어지는 것이다. 이론은 두 번째 문제다. 아직 신입이라서 실적이 부족하다는 건 말도 안 되는 핑계일 뿐이다.

그리고 모르는 건 자랑이 아니다. 모르면 부지런히 공부해라. 중졸 출신인 나도 책 보고 공부해가며 영업했다. 명문 대학교 나오고 대기업 들어가서 '금수저' 영업하고 이론만 왕창 넣어놓은 그런 책 써내는 작가들 보기 싫어서 밤새 머리 싸매고 앉아 이 '책'을 쓰고 있다. 영업이든 책이든 실전이 최고라는 것을 증명해 보이고 싶다.

영업 활동에서 이론은 절대 빠질 수 없는 기본적 요소다. 하지만 이론이 억대 연봉을 받는 영업자를 탄생시키지는 않는다. 이론만 갖추고 실전이 부족한 영업인은 절대 성공 근처에도 갈 수 없다.

밑바닥부터 치열하게 영업해서 최고의 자리까지 올라간 영업자들이 정말 다 이론에 빠삭할까? 절대 아니다. 이론을 많이 알고 있어서 절대 나쁠 것은 없지만 영업자에게 이론보다 중요한 것은 실전에서만 길러지는 '자신만의 촉'이다. 고객을 리드하고 판단하고 행동하는 데 필요한 '촉'이다.

그들은 끊임없이 영업의 최전방에서 치열한 실전을 거치면서 자신만의 촉을 키워낸 것이다. 책상 앞에서는 절대 배울 수 없고 실전에서만 자라나는 영업자의 날카로운 '촉'. 이 촉이 바로 억대 연봉 영업자를 만들어낸다.

고객 감동의
노예가 되지 마라

명확히 설정된 목표가 없으면
사소한 일상을 충실히 살다
결국 그 일상의 노예가 되고 만다.
- 로버트 하인리히(Robert Heinrich)

나는 영업을 하며 알게 된 병원장님들과 모임을 함께하며 매우 가깝게 지내고 있다. 그런데 제약 회사에 다니는 친구가 나와 모임을 갖는 원장님 중 한 분의 병원을 거래처로 만들기 위해 공을 들이고 있었다. 어느 날 친구가 그 병원장님과 친하게 지낸다는 사실을 알고 나를 찾아와 말했다.

"규호야, 너 그 병원 원장님이랑 굉장히 친하다면서? 원장님한테 나 좀 소개시켜줘. 내가 영업을 하는데 잘 안되네."

함께 모임을 갖는 원장님들 중에서도 가장 친한 데다 어렵지 않은 부탁이라 흔쾌히 승낙했다. 며칠 후 그 원장님과 둘이서 저녁을 먹는 자리에 친구를 불러 소개시켜주었다.

"형, 친한 친군데 형네 병원이랑 거래하고 싶어 해. 잘 좀 봐줘. 착한 애니까."

"알았어. 사무장한테 얘기해놓을 테니까, 내일 병원 한 번 와요."

나와 워낙 친하게 지내는 사이인지라 원장님도 흔쾌히 승낙해주었고, 친구는 그 병원과 거래를 할 수 있게 되었다. 그리고 몇 달이 지난 후 그 친구를 만났다.

"내가 소개해준 병원이랑은 일 잘하고 있어?"

"말도 마. 죽을 것 같아. 병원 변기 막혔다고 나보러 뚫어달라고 하질 않나, 병원 홍보한다고 한여름에 인형 탈 씌워서 내보내질 않나, 집 이사하면 이삿짐 나르고, 차 고장 나면 수리에 세차까지 해주고 있다."

"그 정도면 영업 사원이 아니라 노예 아니냐?"

"이렇게 안 하면 영업 못해."

이건 고객을 위한 서비스가 아니라 고객의 노예였다. 어느 순간부터 영업자들은 고객에게 서비스하는 것이 아니라 고객의 시중을 드는 사람이 되어버렸고, '고객 감동'이라는 말에 묶여 고객의 노예로 전락했다.

고수 영업자는 고객을 기만하지 않는다

지금까지 당신에게 무엇을 판매 또는 계약했거나 상담한 영업 사원들 중에 당신을 감동시킨 사례가 있는가? 한 번 잘 생각해보라. 선뜻 잘 생각나지 않을 것이다. 갑자기 물어봐서 떠오르지 않는 걸까? 절대 아니다. 이 주제에 대해 글을 쓰며 나는 지인과 영업자들을 만날 때마다 물어보았다.

"혹시, 언제라도 좋으니까 영업 사원이나 판매자한테 감동 받아본 적 있어?"

"음~ 특별히 생각나는 게 없네."

"잘 생각해봐. 한 번도 없어? 그럼 다른 곳에서 감동 받은 적은?"

"음~ 다른 곳에서는 좋았던 경험이 있어."

모두 한결같은 대답이었다. 선뜻 영업 사원이나 판매자한테 감동 받았던 사례를 이야기하는 사람은 단 한 명도 없었다. 그중에는 내 친구와 거래를 하고 있는 병원장님도 포함되었다. 그 원장님은 영업 사원에게 감동받은 사례는 없고, 단골 술집에서 메뉴에 없지만 자신이 먹고 싶은 음식을 해준 게 큰 감동이었다고 말했다.

영업 사원은 어떤 일을 해도 당연한 일을 한 것이고, 좋아하는 음식 만들어준 사장님은 고객을 감동시킨 것이다. 이쯤 되면 영업 사원인지 고객의 노예인지 한 번 진지하게 고민해봐야 하지 않을까. 내가 만나고 질문한 사람들이 특이한 게 아니라 다들 비슷할 거라고 생각한다. 흔히 우리가 많이 접하는 식당이나 마트 같은 곳에서 받은 감동은 생각나겠지만, 영업 사원이나 판매 사원에게서 심장을 뒤흔드는 감동을 느껴본 사람은 아마 많이 없을 것이다.

'도대체 왜? 왜 생각이 나질 않을까?'

영업, 서비스, 창업 관련 많은 서적, 강연가들 그리고 자신의 성공 스토리를 이야기해주는 수많은 사람 모두 고객 감동을 끊임없이 외치고 강조한다. 나는 CEO나 영업자의 마음속 깊은 곳에서 우러나온, 오로지 고객만을 생각하는 '착한 심성'으로 고객을 감동시키고, 감동 받은 고객이 또 다른 고객을 불러오는 그 수많은 이야기가 제일 싫다.

'정말 성공한 사람들은 다들 이렇게 자기 자신이 아닌 고객만을 생각하는 착한 마음씨를 가지고 있는 건가? 나는 그들보다 마음이 곱지 않아서 이렇게 살고 있는 건가? 고객 감동이 부족해 이런 것일까?'

하지만 지금은 생각이 다르다. 그 사람들이 자신을 포장하기 위해 거짓말을 했다는 이야기가 아니다. 다만 영업 스타일과 관점 그리고 성격의 차이일 뿐이다. 아니면 그 착한 심성의 사람들만큼 고객을 감동시키지 못한 것이 내가 아직 연봉 10억 원을 달성하지 못한 이유일 수도 있다.

그러나 잘 한 번 생각해보자. 그 많은 저자와 사람들이 스스로 고객 감동을 시켰다고 말하는데, 왜 많은 사람의 기억 속에는 특별히 떠오르지 않을까? 나는 자신과 타인의 '생각의 차이와 입장의 차이'때문이라고 생각한다. 즉 소비자와 판매자의 생각 차이, 거기에서 나오는 매우 심각한 '전달의 오차'인 것이다.

물론 고객을 감동시킨다면 그보다 완벽한 영업은 없을 것이다. 세상에 감동 싫어하는 사람이 어디 있겠는가? 그런데 문제는 고객들의 기대치가 너무 높다는 것이다. 날이 갈수록 영업 시장의 출혈 경쟁이 심해지고 있다. 인터넷의 발전에 따라 고객들은 계속해서 남보다 더 많은 것, 새로운 것, 특별한 것을 영업자들에게 끊임없이 요구하고 갈구한다.

고객에게 진정한 감동을 주려면 이 높아진 기대치를 만족시켜야 하는데 그게 참 쉬운 일은 아니다. 그나마 기대치만 높으면 다행이다. 기대치만 높은 게 아니라 영업자들에 대한 신뢰도가 바닥을 치고 있다.

많은 사람의 인식에는 여전히 '영업은 못 배우고 갈 곳 없는 사람들이 하는 일, 고객 등쳐먹는 직업, 사람들에게 피해주는 반 사기꾼 집단'이라는 생각이 강하게 박혀 있다. 스타벅스의 CEO 하워드 슐츠, IBM의 전 CEO 새뮤얼 팔미사노, 최지성 전 삼성그룹 부회장뿐 아니라 현재 국내 100대 기업 CEO 네 명 중 한 명은 영업 사원 출신인데 말이다.

그런 인식이 얼마나 강하면 '폰팔이, 차팔이, 보험팔이'라고 영업자들을 비하하며 업신여길까. 나도 보험을 수익 모델로 하는 영업을 하고 있지만 참으로 슬픈 현실이 아닐 수 없다. 영업자는 고객을 속이고 이용하는 것이 아니라 고객 옆에서 도움을 주며 고객과 수익을 창출하는 직업인데 말이다.

감동보다는 신뢰가 먼저다

나는 고객 감동은 아예 포기하고 영업하는 스타일이다. 대신 내 고객들에게 확실히 약속하고 약속한 것만큼은 어떠한 일이 있어도 모두 지킨다. 만약 그 약속을 다 지키지 못했을 경우에는 고객과 계약하지 않고, 내 컨설팅의 도움을 받지 못하거나 잘못된 정보로 고객이 피해를 입는다면 그 피해까지 모두 보상해주겠다고 당당히 말한다. 이처럼 나는 고객 감동을 포기하고 영업하는 대신 고객들과의 약속만큼은 100퍼센트 모두 지키는 영업자가 되기 위해 노력한다.

감동을 포기한 대신 도움과 신뢰를 주는 것이 나의 영업 철학이자 목숨처럼 여기고 있는 원칙이다. 나는 한 건에 100만 원 이상의 고액 계약만 받고 있다. 보험 영업을 경험했거나 하고 계신 분들은 알겠지만, 보험은 실적이 아무리 좋아도 일정 기간 이내에 고객이 계약을 해지하면 그 책임이 고스란히 영업 사원에게 돌아간다. 그 때문에 계약보다는 계약의 유지가 관건이다. 그래서 고객의 '사후 관리'에 가장 많은 신경을 쓰는 영업이 바로 보험일 것이다.

근데 나는 조금 특이하게 영업한다. 내가 특이한 건지 다른 사람들이 특이한 건지는 모르겠지만, 나는 기존 고객을 관리하지 않는다. 고객들에게 이유 없이 선물을 해본 적도 없고 안부 전화나 용건 없이 그냥 방문하는 일도 거의 없다. 보통 처음 상담 한 번 그리고 청약서 작성할 때 한 번 이렇게 딱 두 번 만나는 게 고작이다. 용건이 있을 경우에는 전화 통화를 하고 고객이 요청할 때에만 직접 찾아간다.

보험업에 종사하거나 사후 관리에 많은 공을 들이는 영업자는 '저게 무슨 헛소리야' 이렇게 생각할 수도 있지만, 이것이 나의 영업 스타일이다. 나는 1인 기업을 창업한 후 매달 평균 세 건 이상의 고액 계약을 하고 있지만, 지금까지 클레임이나 해지가 한 건도 없는 환수율 0퍼센트이다. 명절이 되면 내가 고객에게 선물하는 것이 아니라 고객들이 나에게 선물을 보내주고 있다.

당신의 고객은 당신에게 충분히 감동하고 있는가? 혹시 고객 감동이라는 사슬에 묶여 고객의 노예가 되고 있지는 않은가? 고객 감동에 지쳐 있다면 이제는 고객을 감동시키는 대신 고객의 신뢰를 받는 영업 사원이 되어보자.

당신을 만나는 고객들의 기대치는 이미 너무 높아져 있고, 영업 사원에 대한 신뢰는 이미 바닥까지 추락해 있다. 이를 극복해내려면 정말 엄청난 센스와 고객의 마음을 읽는 능력 그리고 끝없는 열정과 체력, 누구보다 착한 마음씨를 갖고 고객을 위해 충분한 시간 투자를 해야 할 것이다. 이쯤 되면 영업자들은 '고객 감동'이라는 단어에 대해 다시 한 번 생각해봐야 하지 않을까 싶다.

고객과 협상하면
안 되는 이유

두려움 때문에 협상하지 마라.
그리고 협상을 두려워하지 마라.
- 존 F. 케네디(John F. Kennedy)

이제는 모든 고객이 알고 있다. 자신이 영업자와 계약을 하면 인센티브를 받는다는 사실을 말이다. 그만큼 고객들은 영업자에게 더 많은 것을 요구한다. 직접적으로 얘기하는 것은 아니지만 그들의 말은 이런 뜻으로 들린다.

'당신은 나로 인해 돈을 벌 수 있으니 그 수입의 일부를 나에게 제공해 내가 더 좋은 조건으로 계약할 수 있게 해달라.'

이같은 상황은 일부 직종을 제외하고 거의 모든 영업자에게 공통적으로 적용되는 이야기일 것이다. 특히 자동차나 휴대폰, 보험같이 선택의 폭이 넓은 영업 분야는 경쟁자가 많을 뿐만 아니라 전쟁터처럼 치열하다. 이처럼 실생활에서 흔히 접하는 업종일수록 고객이 영업자들에게 요구하는 것들은 상상을 초월한다.

당신보다 실력 좋은 사람의 방법을 무조건 따라 해봐라

한 번은 수입차 딜러 한 분이 나에게 코치를 받으러 온 적이 있다. 언제나 씩씩하고 밝은 성격인 그는 현재 딜러가 20명 정도 있는 대리점에서 항상 상위권을 유지하고 있지만 정작 손에 쥐는 수입은 너무 적어 힘들다고 말했다.

고객들이 고가의 차량을 구매하다 보니 그만큼 요구 사항이 많아 힘들어 하고 있었다. 각종 옵션은 기본이고 인센티브 전액을 현금으로 요구하는 고객도 있다고 했다. 심지어는 술 한잔하자며 고가의 유흥 주점에 데려가 결제를 요구하는 고객도 있단다. 그뿐만 아니라 소개 영업을 위주로 하기 때문에 잦은 술자리와 각종 경조사로 인해 지출이 계속 늘어난다. 당연히 자신만을 위한 여가 시간은 없고 피로가 극에 달했다. 내 해답은 너무나 간단했다.

"고객이랑 협상하지 마세요! 가격으로 고객을 설득하지 말고 당신만의 서비스로 설득하세요."

"그건 팀장님이 딜러를 안 해보셔서 그런 거예요. 고객들한테 안 빼주면 딜러 절대 못해요. 저보다 많이 할인해주는 딜러들이 얼마나 많은데요."

요컨대 '이쪽 일을 안 해봤으니, 이쪽 계통을 모르니까 그렇게 쉽게 말한다'는 것이었다. 코칭에 따르지 않을 거라면 굳이 뭐 하러 나한테 온 걸까? 해법을 제시하고 아무리 좋은 이야기를 해주어도 상대방이 받아들일 마음이 없으면 결국에는 '소 귀에 경 읽기' 딱 그만큼이다. 지금은 코치를 할 때 이렇게 말한다.

"일단 시키면 무조건 해보세요."

일단 당신보다 실력 좋은 사람이 말하는 방법은 무조건 해봐야 한다. 그다음에 당신한테 맞는 방법으로 변형시키고 자신의 것으로 만들어가면 되는 것이다.

눈앞의 이익을 위해 고객과 흥정하지 마라

영업자가 고객과 협상하기 시작하면 그때부터 꼬이기 시작한다. 거기에 돈까지 개입되면 그때부터는 정말 답이 없어진다. 나도 수많은 영업을 거치면서 한 번도 협상을 안 해본 것은 아니지만 지금은 고객과 협상하지 않는다.

나는 내가 세운 원칙과 조건 그대로 고객에게 이야기한다. 그리고 고객이 더 많은 것을 요구하면 당당히 'NO'라고 말한다.

"그럼 생각 좀 해볼게요. 조건이 안 맞네요."

이렇게 얘기하며 돌아서는 고객은 거의 없다. 내가 고객에게 어떤 가격과 조건을 제시했을 때, 고객이 더 많은 것을 요구하면 단호히 거부하는 것이 고객과 영업자 모두를 위한 정답이다.

예를 들어 당신이 고객에게 10만 원이라는 금액을 제시했을 때 고객이 이렇게 말한다고 치자.

"10만 원은 너무 비싼데 8만 원에 해주세요. 그럼 바로 구매할게요."

"그럼 제가 정말 남는 거 하나 없이 8만 원에 드릴게요. 대신 다른 분들 많이 소개시켜주셔야 해요!"

당신은 훨씬 더 좋은 조건으로 구매하게 해줬다고 생색을 내고, 고객은 좋아하며 주변 사람들을 소개해주겠다고 한다. 하지만 이렇게 대화하는 순간, 당신과 고객의 사이는 거기서 끝이다. 그 고객은 2만 원 싸게 샀다고 좋아하며 자신이 아는 사람들을 소개해주겠다고 말하지만 이는 거의 부도수표이기 십상이다.

위의 상황은 내가 생각하는 최악의 대화 중 하나다. 판매가 이루어졌는데 무슨 말도 안 되는 소리냐고 생각할 수 있겠지만, 저건 차라리 판매를 안 하느니만 못한 사례이다. 당장의 수익을 위해 고객과 협상해서는 절대 안 된다. 고객은 결국 이런 생각을 할 것이다.

'이거 나한테 2만 원 더 남겨먹으려고 했네. 역시 영업 사원들은 다 사기꾼이야.'

고객은 주변 사람들에게 자신이 그 상품을 저렴하게 구매했다고 자랑할 테고, 상품의 판매가를 알게 된 사람들은 그걸 구매할 때 그 기준선과 같은 가격 또는 더 저렴한 가격을 제시할 것이다. 그리고 만약 그 상품을 8만 원보다 더 저렴하게 구매했다면 처음 8만 원을 주고 구매한 고객은 당신을 욕할 게 분명하다. 결국 당신은 수입도 줄고 고객도 잃게 된다. 이렇게 가격 싸움이 시작되면 고객과 당신, 그리고 경쟁자 모두에게 최악의 상황이 닥친다.

고객은 영업자의 '호갱님'이 되고 싶지 않다

위의 대화에서 고객이 당신보다 낮은 가격을 제시했을 때 영업자는 둘 중 하나를 선택해야 한다.

첫 번째는 고객이 제시한 가격을 단호히 거절해야 한다.

고객의 제안이나 부탁을 거절하는 것을 두려워해서는 절대 안 된다. 고객과 가격으로 협상하기 시작하면 일단 계약이나 판매 자체가 너무 힘들어진다. 고객과의 끝없는 밀당 때문에 영업자의 피로는 쌓여가지만 반대로 수입은 줄어든다. 먼저 영업자는 고객에게 합리적인 가격을 제시하고 고객이 제시한 가격에는 이렇게 말해야 한다.

"이미 고객님에게 최고의 가격과 혜택을 제시한 것이기 때문에 가격적인 부분은 더 이상 절감이 불가능합니다."

그래야 고객에게 당신의 신뢰도가 쌓이는 것이다.

'이 사람은 정말 나에게 최고의 가격과 혜택을 주는구나. 믿고 구매를 해도 되겠어.'

그래도 계속해서 가격적인 절감을 요구한다면 어떻게 해야 할까. 그럴 때는 아주 작은 사은품이나 당신만의 서비스를 추가로 제공해주겠다고 말하며 판매를 마무리해야 한다.

한 번은 내가 고객에게 300만 원의 보험 계약을 제시한 적이 있다. 고객은 고민 끝에 이렇게 말했다.

"안 팀장님, 한 달에 300만 원은 너무 부담돼. 만기까지 납입할 자신이 없어. 중간에 해지하면 서로 손해잖아. 200만 원까지는 끝까지 납입할 테니, 200만 원으로 바로 계약합시다."

"대표님께 저와 300만 원의 계약으로 제공받으실 혜택에 대해 충분히 말씀드렸다고 생각합니다. 하지만 지불하는 금액에 비해 받으시는 혜택과 가치가 부족하다고 판단되거나 부담이 되신다면 다른 컨설턴트를 보내드리겠습니다. 저희도 회사의 원칙이 있기 때문에 그 금액으로는 계약이 불가능합니다."

"알겠네. 그럼 이대로 계약합시다. 안 팀장 믿고 하는 거니까 책임지고 잘해줘야 돼!"

"알겠습니다. 걱정 마세요. 대신 제가 서비스로 이거 하나 더 해드릴게요."

나는 이렇게 그 고객과 원하는 계약을 맺을 수 있었고, 고객은 2년이 넘은 지금까지 연체 한 번 없이 잘 납입하고 계신다. 대부분의 고객은 정말 가격을 깎고 싶거나 부담이 되어서 그런 얘길 하는 게 아니다. 다른 사람들보다 비싸게 구매하는 이른바 '호갱님'이 되기 싫을 뿐이다. 그런 고객들의 진짜 속마음을 알아야 한다. 당신이 고객에게 미끼를 던져야지, 지레 겁먹고 조급해서 고객이 던진 미끼를 덥석 무는 순간, 당신은 한 명의 소중한 고객을 잃는 것이다.

영업자는 고객의 심부름꾼이 아니다

두 번째는 고객의 제시에 다시 역으로 제시를 하는 것이다.

영업자가 고객을 리드하며 끌고 나가야지 고객의 생각대로 끌려가면 그 비즈니스는 이미 끝난 것이나 마찬가지다. 고객이 8만 원이라는 가격을 제시했을 때 다른 상품이나 서비스를 끼워 넣고 하나를 더 구매하도록 해 가격을 맞추어주든지, 아니면 오히려 고객이 제시한 가격보다 더 낮게 제시하는 것이다. 가령 고객이 8만 원을 제시했을 때는 이렇게 말하는 게 현명하다.

"그건 불가능합니다. 하지만 그렇게 가격 때문에 고민이 되신다면, 제가 아예 회사에 보고를 하고 한 달에 한 번 주어지는 직원가로 고객님에게만 특별히 7만 원에 드리겠습니다. 대신 다른 분들 소개 많이 해주시고, 이 가격에 샀다는 말씀은 절대 하시면 안 됩니다."

이 정도 센스 있는 영업자라면 억대 연봉을 받는 영업자가 되는 것은 시간 문제일 것이다. 그만큼 실전에서는 사용하기 힘든 방법이다. 하지만 내가 손해를 보더라도 절대 고객이 생각하는 방향대로 흘러가서는 안 된다. 영업자는 항상 고객이 생각한 것을 보여주어야 한다. 한 번 고객에게 휘둘려 원칙을 깨버린 영업자는 약간의 성과를 올렸을지 모르지만 앞으로도 계속 그런 영업을 반복할 공산이 크다. 위의 경우에는 이렇게 말하는 것이 좋다.

"이 제품으로 이미 최고의 혜택과 가격을 제시한 것이기 때문에 절감은 불가능하나 여기에 있는 5만 원짜리 제품을 추가로 구매하시면 3만 원 할인해서 총 12만 원에 드리겠습니다."

영업자들의 본질은 고객에게 더 좋은 상품과 서비스를 제공하고 자신은 그로 인해 많은 수입을 발생시키는 것이다. 그러나 고객과 협상하는 나약한 영업자가 되는 순간, 윈-윈이 아닌 고객의 심부름꾼으로 전락해 고생만 하고 수입은 줄어든다.

고객을 이기는 영업을 하기 위해서는 언제나 당당해야 한다. 절대 고객을 두려워 말고 협상하지 마라. 고객과 자꾸 싸우고 부딪혀봐야 그들의 경계를 알 수 있다. 그리고 경계를 알아내야 당신 뜻대로 흐름을 리드해갈 수 있다. 영업자는 고객의 비즈니스 파트너이지 심부름꾼이 아니라는 사실을 잊지 말자.

열정만으로 90퍼센트의 문제를 해결할 수 있다

열정은 소비자의 구매를 촉진하고 구매의 즐거움을 느끼게 해주는 최고의 마케팅이자 판매 기술이다. 열정은 '바이러스' 같은 것이어서 주변 사람들에게 그 뜨겁고 행복한 에너지가 전달된다. 이처럼 '난 언제나 열정적이고 파이팅 있지'라며 혼자 생각하는 게 아니라 다른 사람들에게 전달되고 보여져야 진짜 열정이라고 할 수 있다. 이 열정 바이러스는 돈, 경험, 시간, 지식, 스펙 모든 것을 초월해내는 엄청난 힘을 가지고 있고 그 결과 최고의 성과를 만들어낸다.

미국의 45대 대통령 도널드 트럼프는 이렇게 말했다.

"어떤 일이든 열정만으로 90퍼센트의 문제를 해결할 수 있다!"

심장이 뛰는 뜨거운 열정만 있다면 지금 당신을 힘들게 하는 어떤 문제도 당신의 성공을 막을 수 없다. 1퍼센트의 영업자들은 각자의 방식대로 영업을 하지만, 그들의 공통점은 '열정'의 온도가 다르다는 것이다. 그 열정의 온도는 곁에 있는 사람의 심장마저 '쿵쾅쿵쾅' 뛰게 하는 엄청난 에너지다. 바로 그 열정의 온도가 1퍼센트의 영업자를 만들어낸 원동력인 것이다. 그냥 평범한 열정이 아닌 주변 사람들까지 전염시킬 수 있는 나만의 뜨거운 열정을 만들고 발산하라.

'나는 열정이 없어. 어떻게 해야 할지 모르겠어.'

이런 생각이 든다면 지금부터라도 고쳐나가야 한다. 열정은 충분히 만들어나갈 수 있는 것이다. 정 자신감도 부족하고 어렵게 생각된다면 나에게 연락하라. 내가 그렇게 해냈듯이 당신의 열정도 샘솟게 만들어 줄테니 말이다.

  이 말을 꼭 기억하자.

  "열정은 모든 비즈니스를 성공으로 만드는 가장 강력한 무기이자 최고의 스펙이다."

절대 지인에게
영업하지 마라

소개로 이어지지 못하는 모든 영업은
장기적인 방향을 상실한다.
- 하이럼 스미스(Hyrum Smith)

영업은 누구에게나 부자가 될 수 있는 평등한 기회를 제공하는 최고의 직종이다. 스펙이 없는 사람도, 나이가 많아 다른 회사에 취직할 기회를 얻지 못한 사람도 혹은 은퇴할 시기가 된 사람도 영업은 모두에게 평등한 기회를 제공한다. 중졸 학력의 내가 '삼성'이나 '네이버'에 이력서를 낸다면 받아주지 않겠지만 영업직은 다른 것이다.

성공을 꿈꾸는 많은 사람이 영업의 세계로 뛰어들고 있고 앞으로는 더 많은 사람이 이 세계에 도전할 것이다. 세상은 빠르게 변화하고 있지만 이상하게도 영업 조직은 예전의 모습에서 조금도 나아지지 않고 있다. 내부적인 변화가 적은 직종이라고나 할까.

내가 처음 휴대폰 판매사로 입사했을 때 회사에서는 100명의 지인 리스트를 작성하라고 시켰다. 그들의 이름, 전화번호, 정보를 빼곡하게 적으라고 한 뒤 TM 영업을 하라고 얘기했다.

나는 관리자에게 말했다.

"저는 지인 영업은 하고 싶지 않습니다. 대신 현장에서 고객들에게 더 많이 판매하겠습니다."

"규호 씨, 당신한테 지인들에게 영업을 하라는 게 아니라 지인들에게 도움을 주라는 것입니다. 휴대폰을 바꾸고 싶어 하는 지인들에게 더 저렴한 가격과 좋은 조건을 제공하는 겁니다."

거의 모든 영업 조직에서 처음에 이렇게 가르친다. 당신이 지인들을 도와주는 것이라고 말이다. 맞는 말이다. 당신의 영업은 분명 고객을 돕는 것이다. 그런데 방법이 잘못되었다. 주변의 소수 사람들을 돕기 위해 너무 많은 사람을 불편하게 만든다. 그리고 믿었던 사람들에게 하나둘씩 거절당하면서 배신과 좌절감을 느끼고, 나와 계약한 사람과 하지 않은 사람으로 인간관계를 나누어버린다.

통계에 따르면 처음 영업직으로 입사한 직원 가운데 80퍼센트가 1년 안에 퇴사한다고 한다. 처음에는 열정과 패기로 그리고 지인들에게 영업을 하며 버티지만 6~7개월이 지나면 더 이상 영업할 지인도 없고, 고객들의 냉대와 적은 수입을 버티지 못해 포기하는 것이다.

이는 잘못된 방법이지만 앞으로도 절대 바뀌지 않을 것이다. 어차피 영업 사원은 계속 충원될 것이고, 회사 입장에서는 가장 빠르고 효과적으로 수익을 창출할 수 있는 방법이기 때문이다. 결국 피해를 입는 건 지인을 믿고 계약한 고객과 퇴사한 영업 사원뿐이다.

한 명의 고객 뒤에 수십 명의 고객이 있다?

하루는 학창 시절부터 친했던 친구가 집으로 찾아왔다.

"나 이번에 상조 회사 들어갔어. 월 3만 원짜리니까 하나 가입해라."

"야, 갑자기 웬 상조 회사를 들어갔어. 그럼 어떤 상품이고 내가 왜 가입해야 하는지 얘기해봐."

"설명은 무슨. 상조 상품이 다 똑같지 뭐. 월 3만 원밖에 안 하니까 그냥 가입해. 내가 매달 너한테 3만 원씩 밥 살게."

"무슨 말도 안 되는 소리야. 안 해."

"의리 없는 새끼야. 하지 마."

친구는 나에게 의리 없고 싸가지 없는 새끼라며 욕을 했다. 아무리 친한 친구라지만 뭔지도 모르는 상품에 그냥 가입하고 그 금액만큼 매달 밥을 사준다는 것은 영업을 하는 내 입장에서 아무리 생각해도 이해할 수 없었다. 내가 안 들겠다는 것도 아니고 자세하게 한 번 설명해보라는데 화를 내며 가버린 그 친구는 더더욱 이해할 수 없었다. 지금도 자주 만나는 친구인데 아직도 예전 그 얘기를 꺼내며 나에게 "의리 없는 놈"이라고 욕을 한다.

나 역시 지인 영업을 몇 번 해본 적이 있다. 그런데 일반 고객에게 하는 것과는 모든 게 확실히 달라진다. 말도 편하게 하고 지인의 질문에 '나를 믿지 못해서 이러나' 하는 생각이 들고 일일이 답변해주는 것도 귀찮고 '빨리 계약이나 하지' 하며 짜증이 났다.

만약 당신이 지인 영업을 했다면 이렇게 하지 않았다고 자부할 수 있는

가? 많은 영업인이 지인들에게 너무 편하게 영업을 한다. 간결하고 임팩트 있는 설명이 아닌 두루뭉술하게 이런저런 사적인 대화를 하며 설명한다. 게다가 지인이기 때문에 영업자의 실수를 관대하게 넘겨준다. 첫 영업을 지인들을 상대로 하면 이런 나쁜 습관이 자신도 모르는 사이에 몸에 배어버린다. 그리고 이것이 낯선 고객과 대면했을 때 그대로 표출된다.

보험업이 실적에 대한 인센티브도 많고 주변에 권유하기도 좋아 지인 영업이 가장 심한 업종 중 하나가 아닐까 생각한다. 그래서 우리 회사에 처음 입사한 직원은 이런 얘기를 한다.

"지인들한테 보험 좀 가입해달라고 얘기해볼까요?"

"아니, 절대 하지 마. 너 컨설턴트 하려고 들어온 거야, 아니면 보험 설계사 하려고 들어온 거야?"

"당연히 컨설턴트죠."

"됐어. 그러면 지인들에게 보험의 '보' 자도 꺼내지 마. 알았어? 그리고 딴 생각하지 말고 공부나 열심히 해."

또 다른 친구에게는 이런 적이 있다.

"친한 친구가 암보험이랑 실비 좀 들어달라는데 어떻게 하지?"

"잘 아는 보험 설계사한테 들으라고 해. 우린 그런 거 모르니까."

"그래도 어차피 가입하는 거 우리한테 들면 수당도 나오고 좋잖아."

"됐어. 그 수당 몇 푼 아까워하지 말고 하는 일이나 열심히 해."

나 역시 이런 유혹에 흔들린 적이 있기에 직원들에게는 절대 개인 보험을 들지 못하게 한다. 이유는 두 가지인데, 첫 번째는 개인 보험에 들면 케어를 해주어야 하는데 우리 회사에는 그런 시스템이 없다. 보험에 가입한 고객이 어떤 질문을 했을 때 대답해줄 수도 없고, 그 고객에게 제대로 된 설계도 해줄 수 없다. 또 다른 이유는 지인들에게 개인 보험을 들게 하면 컨설턴트 업무를 제대로 하지 않을 것이기 때문이다. 마케팅과 기업의 일에 대해 계속 공부하고 영업해야 하는데, 개인 보험을 들면 하고 있는 일에 소홀할 수밖에 없기 때문이다.

그래서 나는 직원들에게 아무리 지인들이 원해도 개인 보험을 계약하지 못하게 한다. 안면 있는 편하고 친한 지인들을 찾아다니며 영업하면 마케팅과 영업 방식에 대해 공부하려고 노력하지 않는다.

지인 영업을 강조하는 조직에서 말하는 영업 방식은 딱 하나다.

'한 명의 고객 뒤에 수십 명의 고객이 있다. 고객 감동을 통해 피라미드처럼 고객을 늘려나가라.'

맞는 말이지만 시작이 잘못되었다. 영업자가 어설픈데 어떻게 피라미드처럼 고객이 늘어날 수 있는지 묻고 싶다. 6개월 안에 한 번 쫙 뽑아내고 퇴사할 생각이 아니라면 처음부터 지인 영업은 하지 않길 바란다. 제대로 된 영업을 하려면 처음부터 좋은 습관을 들여야 한다.

영업은
근성이 아니라 기획이다

나타나야 할 시간과 장소에 맞춰 자신을 드러내는 것.
그것만으로도 세일즈의 80퍼센트는 이미 보증받은 것이나 다름없다.
– 브라이언 트레이시(Brian Tracy)

"누구나 자신이 최선을 다해서 영업한다고는 합니다. 하지만 어떤 영업자는 한 달에 수천만 원의 수입을 올리고 또 어떤 영업자는 한 달에 200만 원도 채 안 되는 수입을 올리고 있습니다. 모두가 최선을 다해서 일한다고 하는데 왜 이렇게 많은 차이가 날까요? 저는 영업은 근성과 발로 하는 것이 아니라 머리와 기획에서 시작한다고 생각합니다. 근성 없이는 아무것도 할 수 없지만, 기획이 없으면 많은 돈을 벌 수 없습니다. 지금 하고 있는 영업에 기획을 더해서 모두가 최고의 영업자가 되었으면 좋겠습니다. 감사합니다."

처음 영업왕 자리에 올랐을 때 많은 사람 앞에서 강연을 했는데, 그때 내가 했던 이야기의 요지다. 스물네 살에 처음 도전한 영업에서 최고의 자리에 올랐고 수많은 사람 앞에서 처음 한 강연이었기에 근 10년이 지난 지금도 생생히 기억에 남는다.

많은 영업자가 정말 열심히 일하고 있다. 스트레스와 싸우고 또 불안한 미래와 싸우면서 말이다. 똑같이 열심히 하고 있는데 너무 많은 차이가 난다. 1퍼센트의 영업자들과 일반 영업 사원의 수입은 정말 하늘과 땅 차이다. 삼성생명에 다니는 내 친구는 연봉이 3000만 원 조금 넘는다는데, 연봉 1~2위를 다투는 배양숙 FC의 연봉은 12억이 넘는다. 무려 40배의 차이다. 이 40배의 차이가 바로 영업 기획력의 차이인 것이다.

영업은 거절에서부터 시작한다고?

한때는 나 역시 열정과 패기 하나로 무작정 발로 뛰며 영업한 적이 있다. 새벽 6시면 전단지를 들고 나가 '차꽂이'부터 시작했다. 출근 후에는 가방에 판촉물을 가득 채워 돌방(돌아다니며 방문하는 것) 영업을 했다. 한여름 가만히 서 있기만 해도 땀이 뻘뻘 흐르는 무더운 날씨에 무거운 판촉물 가방을 들고 영업 활동을 계속 했다. 그러다 한 번은 금은방 가게에 판촉물을 놓아주며 사장님에게 말을 건넸다.

"사장님, 비싼 금리로 대출 쓰시는 것 있나요? 저희 회사에 자영업자를 위한 금리 저렴한 상품이 있으니 한 번 알아보세요."

"그런 게 있어. 한 번 설명해봐."

신이 나서 사장님께 이런저런 상품이 있고, 은행보다 금리가 조금 비싸지만 한도가 많이 나오고, 타사의 상품보다는 훨씬 금리가 저렴하다고 설명해드렸다.

"아주 좋네. 알았어. 한 번 생각해보고 내일 연락할게."

굉장히 호의적이었다.

'앗싸~.'

속으로 쾌재를 불렀다.

"그럼 꼭 연락주세요."

신이 나서 돌아가는데, 그 사장님이 뒤따라 나오며 말했다.

"장사도 안 돼 죽겠는데, 저런 서민 등골 빨아먹는 사기꾼 새끼들 때문에 더 힘들어. 다신 오지 마, 이 사기꾼 새끼야."

그러곤 내 등에다 굵은 소금을 확 집어던지고 가게로 들어가버렸다. 그냥 멍했다. 평소 같았으면 따라 들어가 화를 내며 싸웠을 텐데, 이건 너무 황당하고 어이가 없어서 아무 생각이 나질 않았다. 한참을 멍하니 서 있다가 옷에 붙은 소금을 툭툭 털고 자리를 떠났다. 나처럼 소금을 맞아본 사람이 있다면 알겠지만, 땀에 젖은 옷과 머리에 달라붙은 소금은 정말 떨어지질 않는다. 멍하니 공원 벤치에 한 시간이 넘도록 앉아 있었다.

'내가 지금 뭐 하고 있는 거지? 뭘 잘못한 거지? 그냥 때려 치울까?'

그 고객은 지금까지 내가 영업하며 겪었던 사람 중 역대급 또라이였다. 아마도 살면서 다시는 그런 고객을 보지 못할 것 같다. 힘들고 괴로웠지만 성공하겠다는 일념 하나로 하루에 12시간을 넘게 매일 영업했다. 하지만 또다시 나에게 돌아온 건 마감 날의 절망뿐이었다.

이것이 10년 전의 내 모습인데, 아직도 주위에는 나처럼 무식하게 몸으로 영업하는 사람을 많이 볼 수 있다. 10년, 20년 전에도 있었고 현재도 그리고 앞으로도 이런 영업인은 계속 생겨날 것이다. 왜냐하면 회사에서 그리고 영업 조직에서 제대로 영업을 가르쳐주지 않기 때문이다. 조직의 관리자는 항상 이렇게 말한다.

"영업은 죽도록 열심히 하면 돼. 영업은 거절에서부터 시작하는 거야. 거절을 이겨내야 돼. 절박함이 있어야 돼. 최선을 다해서 하면 돼."

이런 말에 세뇌가 돼서 그런 걸까? 머리 좋은 사람들도 영업 조직에만 들어가면 신기할 정도로 단순 무식하게 변하는 것 같다. 세상이 바뀌었고 시대가 바뀌었다. 더 이상 무식하게 발로 뛰어다니는 구시대적인 영업방식으로는 성공할 수 없다. 아무도 당신에게 제대로 된 영업 방식을 알려주지 않는다. 자신의 먹고사는 밥줄을 다른 이에게 빼앗기고 싶은 사람은 아무도 없기 때문이다.

노력과 결과는 다르다

예전에 영업을 하며 잠깐 알고 지내던 동료가 있다. 분양 영업을 하는 친구였는데, 나이는 나보다 어렸지만 누구보다 열심히 일했다. 회사에 가장 먼저 출근해서 가장 늦게 퇴근했다. 집안 형편이 넉넉하지 않은 탓에 고등학교를 졸업하고 성공하겠다는 일념 하나로 고향을 떠나 먼 타지에서 고군분투했다. 항상 성실하고 열정으로 가득 차 있어 상사들의 사랑을 독차지하는 친구였다. 그런 그에게서 연락이 왔다. 연락을 끊은지 오랜된 탓에 조금은 낯설었다.

"잘 지내세요?"

안부와 함께 복막염에 걸려서 수술을 해야 하니 200만 원만 빌려달라는 것이었다. 다행히 내 사무실 근처에 있는 병원이라 안쓰러운 마음에 병실로 찾아갔다. 그가 통증 때문에 배를 움켜잡고 나에게 처음 한 말은 "죄송합니다"였다.

나는 괜찮으니 몸 걱정이나 하라고 말하며 수술비를 결제해주고 돌아왔다. 슬픈 일이었다. 돈 벌어서 성공하겠다고 어린 나이에 당차게 영업에 뛰어든 그 친구는 배 속에 고름이 가득 차 서 있지도 못하는 고통을 받으며 자신의 몸이 아닌 수술비를 걱정하고 있었던 것이었다. 며칠 후 입원해 있는 그 친구를 다시 찾아가 이런저런 얘기를 나누었다.

얘기를 들어보니 몇 년 동안 영업이 잘 풀리지 않아 회사 동료들에게 조금씩 돈을 빌렸는데 제대로 갚지를 못해 지푸라기라도 잡는 심정으로 나에게 연락했다고 했다. 수입은 적고 빚은 계속 늘어나는 심각한 상황이었다. 생활고에 밤에는 아르바이트로 서빙도 하고 있다고 했다.

"그럼 우리 회사 와서 일해. 지금보다는 훨씬 많이 벌 수 있을 거야. 그리고 병원비는 나중에 퇴직금으로 하자."

이렇게 절대 직원을 뽑지 않겠다고 다짐했던 나에게 또 한 명 직원이 생겼다.

한 달 정도 이 친구에게 우리의 온라인 마케팅과 오프라인 마케팅, 그리고 업무를 가르치며 데리고 다녔다.

"이렇게 일해도 돼요?"

"왜? 뭐가?"

"아니, 너무 쉽게 일하는 거 같아서요. 이렇게 일해도 진짜 돈 벌 수 있어요?"

"네가 하다 보면 알겠지."

그동안 이 친구는 건물을 돌아다니며 전단지를 돌리고 파라솔 밑에서 홍보 활동을 하고, 현수막을 걸거나 무작정 발로 뛰어다니며 땀 흘리는 게 열심히 일하는 것이라고 생각했던 것이다. 그러니 내 영업 방식이 열심히 일하지 않는 것처럼 보였던 것이다.

세상에 쉽게 돈 벌 수 있는 영업은 없다. 다만 사무실에 앉아서 하는 일이 많다 보니 밖에서 뛰어다니던 사람의 눈에는 쉽게 보였을 뿐이다. 그 친구는 확실히 열정으로 가득 차 있어 습득하는 것이 매우 빨랐고, 금방 일에 적응해 높은 수입을 올릴 수 있었다. 들어온 지 6개월 만에 그동안 진 빚도 모두 청산했다.

더 이상 무식하게 근성만으로 영업해서 성공할 수 있는 시대는 끝났다. 더 이상 20~30년 전 선배들의 경험담을 그대로 받아들여서는 안 된다. 영업 세계에서 당신이 열심히 한다고 월급을 더 주지 않는다. 《배움을 돈으로 바꾸는 기술》의 저자 이노우에 히로유키는 "인간의 가치는 노력의 양으로 결정된다"고 말했다. 하지만 영업 세계에서 노력과 결과는 엄연히 다르다.

욕망의 크기가
성공의 크기를 좌우한다

성공은 키나 몸무게, 학력이나
집안 배경에 따라 가늠되는 것이 아니다.
성공은 생각의 크기에 따라 결정된다.
– 록펠러(Rockefeller)

퀴즈를 한 가지 내겠다.

경북 영주에 사는 104세 최고령 노인에게 가장 갖고 싶은 게 무엇이냐고 물었다. 과연 노인은 무엇이라고 답했을까? 정답은 '돈'이었다.

당신은 이 답에 대해 어떻게 생각하는가? 나는 이 퀴즈의 답을 듣고 정말 놀랐다. '참 그 노인네 욕심 정말 많네'라는 생각과 또 한편으로는 '정말 돈에 대한 인간의 욕망은 죽기 전까지 멈출 수 없는 거구나. 그 나이가 되어도 건강이나 행복보다 돈이 최우선이니 말이야'라는 생각이 들었다. 물론 그 노인이 특별히 돈에 대한 욕망이 강하거나 돈에 한이 맺혀 있는 특별한 케이스일지도 모른다. 하지만 이 이야기는 너무나 많은 메시지를 함축하고 있다고 생각한다.

현대는 누구도 부정할 수 없는 물질만능의 사회다. 돈이면 뭐든지 다 할 수 있는 사회가 돼버렸고, 돈을 얼마나 가지고 있느냐에 따라 그 사람을 판단한다. 아무리 혼자서 '나는 돈이 없어도 행복해, 지금의 행복에 만족해!'라고 외쳐도 결국 현대 사회는 돈이 없으면 사람 취급도 받지 못하는 '사람보다 돈이 최고인 세상'이 되어버렸다. 돈이 인간을 지배해버린 것이다.

강한 욕망이 열정을 단련시킨다

요즘 뉴스나 신문, 인터넷 등 각종 매체를 통해 '5포 세대, 7포 세대'라는 돈을 벌지 못해 많은 것을 포기하고 살아가는 사람들의 안타까운 이야기를 많이 접할 수 있다. 현대 자본주의 사회의 비정상적인 구조로 인해 노동자들은 미래 지향적 삶을 위한 충분한 소득을 얻기 힘들게 되었고, 물가 상승률이 임금 상승률을 추월해버린, 말 그대로 '먹고살기 참 힘든 세상'이 되어버렸다.

하지만 이 속에서도 누군가는 계속해서 더 많은 돈을 벌고, 사회적 지위와 영광을 누리는 성공 스토리의 주인공이 되고 있다. 잘못된 세상인 걸 알지만 혼자 힘으로 이 세상을 통째로 바꿀 수도 없고, 한 번뿐인 인생 멋지게 살다 가야지 힘들다고 포기하기엔 너무 아깝다.

성공은 고난과 역경이라는 관문을 통과한 자에게만 주어지는 달콤한 선물이다. 포기하지 말고 꿈을 향해 끝까지 앞으로 전진해서 성공 스토리를 만들어내자.

영업자는 정해진 급여를 받는 직장인과 다르다. 어렵고 힘들지만 그것을 이겨냈을 때 충분한 보상과 기회가 주어진다. 봉급쟁이 월급으로 절대

부자가 될 수 없지만, 영업으로는 충분히 부자가 될 수 있다. 책상 앞에 앉아 있는 사람에게는 부의 기회가 주어지지 않지만, 비즈니스 최전방에서 치열하게 뛰어다니며 싸우는 사람에게는 충분한 기회와 보상이 주어진다. 끝없는 열정과 노력이 당신에게 부와 성공의 기회를 가져다줄 것이다.

지금 하고 있는 일을 신나게 즐기면서 할 수 있다면 얼마나 좋을까? 많은 저서나 유명인이 "자신의 일을 즐기지 않고는 성공할 수 없다"고 말한다. 백 번 공감하는 말이지만 그게 쉬운 일인가? 세상에 노는 것보다 일을 좋아하는 사람이 흔하겠는가? 그렇기 때문에 더 강렬한 욕망이 필요하다. 일을 그 자체만으로 즐기기 힘들기 때문에 욕망을 갖고 뚜렷한 목표를 수립해야 한다. 그리고 목표를 이루었을 때의 짜릿한 성취감, 높아지는 자존감, 성공에 대한 타인의 존경 등 나에게 주어진 보상과 성장을 통해 영업활동을 최대한 신나고 즐거운 행위로 만들어야 한다. 그 강렬한 욕망이 당신의 의식을 더 강하게 단련하고 더욱 열정적으로 만들어주기 때문이다.

강한 욕망이 사람을 성장시킨다

내가 1인 창업한 후 첫 번째 직원이자 제자로 키운 친구 이야기다. 어느 날 그 친구에게서 만나자는 연락이 와 삼겹살에 소주를 한잔하게 되었다.

"규호야, 요새 일 잘된다며? 나도 네가 하는 일 좀 가르쳐줘. 나도 이제 돈 좀 벌어야지."

"내가 하는 일은 워낙 공부할게 많아서 초보는 힘들어. 그냥 하던 일이나 열심히 해."

"나 진짜 잘할 수 있으니까 한 번 믿어봐. 이제 곧 결혼도 하는데 언제까지 밤 일 할 순 없잖아!"

"너 진짜 잘할 수 있어? 진짜 빡세게 공부해야 돼."

"걱정 말고 믿어봐. 정말 열심히 할게."

직원을 두고 싶지 않았지만 친구의 부탁을 단호하게 거절할 수 없었다. 그렇게 1인 기업으로 시작한 나는 술 한잔에 첫 번째 직원을 얻었다. 그건 내 고난의 시작이었다. 학창 시절부터 알고 지낸 그 녀석은 어린 나이에 집에서 독립해 사회 경험이 풍부한 친구였다. 그는 '상조, 보험, 다단계, 룸 웨이터, 이삿짐 센터 직원, 제빵사' 심지어 지금은 고인이 된 앙드레 김 선생님의 전담 안마사까지 했을 만큼 다양한 사회 경험을 갖고 있었다. 그런데 영업은 영 꽝이었다. 상조와 보험, 다단계를 거치며 계속된 영업의 실패와 소득의 부재로 자존감이 매우 낮았고, 말로는 열정이 가득했지만 정작 행동으로는 아무것도 하지 않았다.

항상 몸에 힘이 없고 '언젠가 되겠지' 하며 만사태평이었다. 그 친구의 대답 소리와 하는 짓을 보고 있으면 함께 있는 내가 다 힘이 쭉쭉 빠질 때가 많았다. 성미가 급하고 일을 빨리빨리 처리하는 데 익숙한 나는 하루에도 수십 번씩 화를 냈다. '아~ 내가 정말 애 때문에 암에 걸릴 수도 있겠다' 하는 생각까지 들었다.

나는 기업을 대상으로 경영 컨설팅 영업을 하기 때문에 산전수전 다 겪은 그들을 상대하려면 충분한 업무 지식과 정보를 알고 있어야 했다. 하지만 녀석은 아무리 중요한 것을 가르쳐주어도 잘 이해하지 못했고, 마냥 시큰둥하기만 했다. 친구는 나에게 "어려워서 그래. 처음부터 잘하는 사람이 어디 있어? 노력하고 있으니까 기다려봐"라고 했지만 내가 보기에는 노력하는 것 같지도 않고 그냥 열정 부족이었다. 도저히 이대론 안 되겠다 싶어 방법을 고민하던 차에 친구에게 물었다.

"올해 가장 이루고 싶은 목표가 뭐야? 아니면 가장 간절히 원하는 것?"

"나? K7."

1초의 망설임도 없이 즉각 대답이 나왔다. 참 소박해서 좋은 친구다. 국산 차를 무시하는 것이 아니라, 제일 애타게 갖고 싶은 게 겨우 'K7'이라니, 나 같으면 '람보르기니'나 '마세라티' 정도는 얘기했을 텐데 말이다. 하긴 그도 그럴 것이 그 친구는 수년째 20만 킬로도 넘게 탄 150만 원짜리 국산 중고차를 몰았다.

"OK, 그럼 그걸 1번으로 해서 버킷 리스트 50개 만들어 와. 내가 올해 안에 그 차 사게 해줄게!"

"진짜? 제발 그렇게 좀 해줘라. 그럼 네가 시키는 건 뭐든 다할게."

"날 믿고 시키는 것만 열심히 해. 그리고 네 소원 이루어주면 나한테 뭐 해줄 거야?"

"내가 올해 안에 K7 사면 선물로 순금 10돈 해줄게."

"OK, 순금 10돈이다. 약속 꼭 지켜라!"

"알았어, 걱정 마!"

그렇게 우리의 계약 아닌 계약이 이루어졌고, 올해 안에 차를 바꾸겠다는 첫 번째 목표와 버킷 리스트에 적어놓은 뚜렷한 목표가 생긴 친구는 전보다 훨씬 열정적으로 일했다. 내가 내준 과제도 성실히 수행했다. 그리고 4월에 입사한 그 친구의 소원은 11월에 이루어졌다.

그 친구의 11월 급여는 웬만한 국산 중대형차를 일시불로 살 수 있을 정도의 수준이었다. 녀석은 한 달 치 월급으로 그토록 소원하던 K7 신차를 구입했다. 덕분에 나는 금팔찌를 선물 받았고, 그것을 어머님께 선물해 오랜만에 효자 노릇을 할 수 있었다. 다음 달에도 1000만 원이 조금 안 되는 급여를 받고 친구가 나에게 말했다.

"내가 태어나서 이렇게 신나게 일해본 적은 진짜 처음이야, 고마워. 그토록 꿈꿔왔던 연봉 1억이 이제 실감이 나. 내년에는 아버지 차 벤츠로 바꿔드리게 더 많이 도와줘!"

평생을 열정 없이 살고 계속해서 영업에 실패했던 그 친구는 자신의 뚜렷한 목표와 계획을 상세히 종이 위에 적었고 그것을 하나씩 이루어갔다. 그리고 목표를 이룰 때마다 느끼는 짜릿한 성취감과 자기 보상으로 처음의 모습은 찾아볼 수 없을 정도로 지금도 열정적으로 공부하며 활동하고 있다.

강한 욕망이 사람을 움직이고 성장시킨다. 내가 지금껏 만나온 1퍼센트의 영업인 중 누구도 욕심 없고 소박한 사람은 없었다. 그들은 자신만의 뚜렷하고 상세한 꿈과 목표를 설정했고 그 계획을 이루기 위해 끊임없이 자기 계발을 하며 더 열심히 노력했다.

그깟 종이 한 장에 적은 꿈으로 뭐가 그렇게 달라질 수 있냐고 말하지 마라. 일단 해보고 그다음에 결과를 말하라. 우리 인생은 그 종이 한 장에 채운 꿈을 향해 평생을 달려가는 것이다. 더 많이 더 높은 꿈과 욕망을 가져라. 그리고 지금 당장 종이 위에 자신의 꿈과 욕망을 적은 '버킷 리스트' 50개를 만들어라. 그 종이 한 장에 적혀 있는 강한 욕망이 당신을 성공으로 더 빠르게 이끌어갈 것이다.

진짜 영업은
자기 경영에 있다

먼저 자기 자신에게
무엇이 되고자 하는지 말하라.
그러고 나서 해야 할 일을 실행에 옮겨라.
– 에픽테토스(Epictetos)

"나는 언제나 전 세계 상위 7퍼센트다."

나의 영업 노트 맨 앞장에는 이렇게 적혀 있다.

통계에 따르면 지붕 있는 따뜻한 곳에서 잘 수 있고 하루 삼시세끼 걱정 없이 살 수 있는 것만으로도 전 세계 상위 7퍼센트에 속한다고 한다. 얼마나 행복한 일인가. 벌써 당신과 나는 전 세계 60억 인구 중 상위 7퍼센트에 속한 금수저를 물고 태어난 것이다.

이제 당신의 주제를 파악했으니 거기에 걸맞게 행동을 해보자. 어깨를 쫙 펴고 단정하고 멋진 모습으로 고객과 다른 사람들 앞에서 거침없이 당당하게 행동하자. 전 세계 인구 93퍼센트 위에 존재하는 당신에게 두려울 것이 무엇인가. 당신이 지금 갖고 있는 그 불안과 공포, 자격지심 따위는 당당하게 떨쳐버리고 새롭게 다시 시작하자. 지금 당신의 위치에 맞게 말이다.

작은 성공에 도취하지 마라

세상 모든 일이 그렇듯 영업도 결국에는 자신 자신과의 싸움이고, 자기 경영에 승패가 달려 있다. 하지만 자기 경영이 쉽지 않다는 것은 모든 사람이 공감할 것이다. 나도 몇 년 전까지만 해도 자기 경영에 완전히 실패한 사람이었다.

20대 초반에 처음 시작한 영업부터 억대 연봉을 달성했고, 손대는 사업마다 순조롭게 잘 풀려나갔다. 그런데 나에겐 꿈과 목표가 없었다.

'빨리 돈 많이 벌어서 부자가 돼야지!'

오직 '돈과 부자' 이것이 단 하나의 꿈과 목표, 그리고 희망이었다. 하지만 이것은 사람을 움직일 수 있는 꿈이나 목표가 아니라, 모든 사람이 꿈꾸는 한낱 희망 사항일 뿐이란 걸 너무 늦게 깨달았다. 어린 나이에 아무 계획도 없는 나에게 거침없이 들어오는 돈이 나를 망쳤다.

일을 마친 어느 날, 친구들과 호프집에서 술 한잔하고 있을 때였다. 한 여성분이 다가와서 말을 걸었다.

"어, 혹시 TV에 나오셨던 분 아니에요? '러브스위치'에 나왔었죠!"

"맞아요. TV 나온 사람이에요. 너 잘나간다. 완전 연예인인데? 사인해드려."

"와, TV에서 보던 사람을 실제로 보니까 신기하다."

"아니에요! 야, 니들 장난치지 마라."

〈TVN의 러브스위치〉, 〈SBS 생방송 투데이〉, 〈중앙일보〉 등 젊은 사업가로 여러 매스컴을 타면서 'TV 나온 사람', '젊은 CEO'로 어딜 가도 주목을 받았다. 그럴수록 우쭐해졌고 내가 뭐 대단한 사람이라도 된 것마냥 착각 속에 빠져 살았다. 사람들에게 주목받는 것이 재미있고 돈도 부족함 없이 있으니 한 번 술을 마시기 시작하면 해 뜰 때까지 1차, 2차, 3차 모두 계산하며 미친 듯이 놀았다. 놀수록 더 많이 놀고 싶어지는 유흥의 세계에서 빠져나오질 못했다. 일주일에 맨정신으로 출근하는 날은 하루 이틀밖에 되지 않았다. 그래도 수입은 계속 유지되니 '나는 정말 타고난 사업가구나! 그래 이게 바로 내 스타일이야!' 하며 자아도취에 빠졌다.

하지만 이 꿈이 깨지기까지는 오래 걸리지 않았다. 주제 파악 못하고 돈 좀 있다는 사람들과 어울려 다니며 흥청망청거렸다. 한 달에 술값만 1000만 원씩 나오는 게 다반사고 주식 한 번 해보겠다며 함께 어울려 다니던 사기꾼 '펀드 매니저'에게 맡긴 돈 1억이 몇 달 뒤 600만 원이 되어 돌아왔다. 계속되는 투자 실패와 경영 악화, 동업자와의 불화 그리고 보증 사고까지 모든 일이 한 번에 닥쳤다. 한순간에 빈털터리가 되었다.

나는 작은 성공에 취해 자기 경영에 실패함으로써 모든 것을 다 잃고 말았다. 그리고 다시 일어서기까지 너무나 많은 수모와 고통을 겪어야 했고, 나와 내 가족을 아프게 하며 많은 시간을 보내야 했다. 뚜렷한 꿈과 목표 없이 오로지 돈만 좇으며 무작정 달렸던 나에게 돈은 아무리 벌어도 채워지지 않는 욕망이 되었다. 그 채워지지 않는 마음을 술과 유흥으로 채우다 결국에는 나 자신을 잃고 절망의 늪에 빠져버렸다. 하지만 다시 최고의 영업자가 되겠다는 꿈을 갖고 미친 듯이 달렸고 절망에서 다시 일어설 수 있었다.

꿈과 목표를 가슴에 품어라

지금 당신은 어떤 꿈을 꾸며 살아가고 있는가? 혹시 당신도 나처럼 아무런 계획과 목표도 없이 오로지 돈만을 좇으며 일하고 있지 않은가? 자기 경영은 당신의 꿈에서 시작되어 꿈으로 끝나는 것이다. 뚜렷한 꿈과 목표를 수립하고 그에 맞는 계획을 만들어야 한다. 그래야 어떤 일이 있어도 무너지지 않는다.

'유재석, 황정민, 박성웅.'

지금은 명실상부한 대한민국 최고의 스타들이지만 이들 역시 수입이 없어 막노동과 아르바이트를 전전하며 비참하고 처절한 10년 이상의 무명 시절을 이겨냈다. 이들에게 간절한 꿈이 없었다면, 중간에 지쳐 포기했다면 지금의 모습은 존재하지 않았을 것이다.

꿈을 이루어가는 과정은 누구에게나 외롭고 힘든 싸움이다. 꿈은 미래의 나의 모습이다. 그래서 앞이 보이지 않고 내가 어디까지 와 있는지 알 수 없다. 꿈은 결승점이 눈에 보이지 않기 때문에 많은 사람이 꿈을 이루기 바로 직전에 포기해버리고 만다.

영업자의 자기 경영에 있어 꿈과 목표는 당신이 흐트러지지 않고 포기하지 않도록 잡아주는 가장 좋은 원칙이다. 당신의 꿈이 무엇이든 그 꿈을 이루기 위해 최고의 영업자가 되는 것은 하나의 과정이다. 지금 당신의 모습을 생각하지 말고 미래의 모습을 그리며 원대한 꿈을 꾸어라. 그리고 포기하지 말고 노력하며 끝까지 달려가자. 그 끝에는 당신이 그리던 미래가

기다리고 있을 것이다.

미국의 GM 공장 입구 표지판에는 이렇게 적혀 있다고 한다.

"기체역학 및 항공 이론에 따르면 '땅벌'은 날 수 없다. 몸의 크기가 날개에 비해 너무 작아 비행이 불가능하기 때문이다. 그러나 땅벌은 과학적인 사실과는 무관하게 잘 날아다니며 매일 꿀을 모아오고 있다."

땅벌이 날개보다 몸집이 큰 이유는 보다 많은 꿀을 실어 나르기 위해 스스로 진화한 것이라고 한다. 즉 어떠한 이론도 목적을 앞지를 수 없다는 것이다. 당신은 이론적으로 날지 못하는 땅벌이지만, 당신의 간절한 꿈과 목표가 당신에게 멋진 날개를 달아줄 것이다.

신뢰를 잃으면
모든 것을 잃는다

고객이 자신의 인생 전부를 맡기고 싶을 만큼
커다란 신뢰를 주어라.
- 브라이언 트레이시(Brian Tracy)

　북극해 연안에 사는 이누이트족은 늑대 사냥을 할 때 아주 재미있는 방법을 쓴다. 먼저 이들은 아주 날카로운 사냥용 칼에 동물의 피를 잔뜩 묻혀 늑대들이 다니는 길목에 칼날을 하늘로 향하게 단단히 꽂아 고정시킨다. 그렇게 시간이 흘러 어두운 밤이 되면 피 냄새를 맡은 늑대가 다가와 사냥용 칼 주변을 맴돌다 그 칼날에 묻은 피를 혀로 핥아먹는다. 늑대는 칼날에 묻은 피를 핥아 먹다가 혀를 베이고 자신의 혀에서 나온 피인 줄도 모른 채 계속 피를 먹다가 결국에는 죽고 만다고 한다.

　영업인들 중에서도 이처럼 자신의 피에 취해 정작 자신이 죽어가는 줄도 모르는 멍청한 늑대 같은 사람을 종종 볼 수 있다. 당장은 고객을 속여 실적을 쌓고 수입을 올리면 잠깐 동안 좋을지 모르지만 결국 그게 부메랑이 되어 자기 자신에게 돌아온다.

절대 고객을 속이거나 기만하지 마라

영업자의 기본 중 기본이지만 많은 사람이 어느 순간 성과라는 달콤한 피에 취해 가장 쉽게 잊고 지내는 단어는 '신뢰'가 아닐까 생각한다. 당장 그 순간을 넘기기 위해 고객에게 거짓 또는 과장된 말을 하는 기만행위로 신뢰를 잃어버린 영업자는 결국 고객의 클레임이라는 부메랑에 다시 맞게 돼 있다. 이것은 스스로 영업 활동을 파괴하는 것뿐 아니다. 작게는 누구보다 성실하고 정직하게 일하는 수많은 동료, 넓게는 대한민국에서 일하는 수백만 영업자의 노력과 신뢰까지 박살내버리는 아주 끔찍하고 잔인한 짓이다.

'한 명의 고객 뒤에는 수십 명의 고객이 있다'는 말을 모르는 영업자는 없을 것이다. 사람들은 긍정적인 정보보다 부정적인 정보에 훨씬 더 빠르게 반응한다. 한 영업 사원에게 당한 기만행위를 사람들이 공유하기 시작하면 그 정보는 순식간에 빠르게 퍼져나간다. 오늘날의 고객들은 과거보다 훨씬 더 스마트하고 단단해졌다.

고객들은 모든 정보를 SNS나 카페, 블로그 등 인터넷을 통해 활발히 공유하고 소통하기 때문에 영업자들보다 정보 교류 및 소통의 속도가 훨씬 더 빠르다. 지금은 집 앞 슈퍼에서 간단히 살 수 있는 작은 물건 하나도 인터넷으로 가격과 정보를 알아보고 구입하는 시대 아닌가. 이런 시대에 고객을 속이는 것은 영업자 스스로 자신과 조직을 파괴하는 자살 행위 같은 것이다.

신뢰를 잃은 영업자는 모든 것을 잃는다

예전에 규모가 20명쯤 되는 지방의 작은 보험 대리점 대표로부터 지금 내가 하고 있는 기업 컨설팅 영업에 대해 교육해달라는 요청을 받은 적이 있다. 그 당시에는 지금의 체계와 달리 다른 영업 조직에게 강의하는 프로그램이 만들어져 있지 않아 정말 적은 수강료를 받고도 최선을 다했다.

4주간 교육하는 동안 그 직원들에게 내가 가장 강조한 부분은 자신의 실적을 위해 절대 고객을 속이거나 기만하지 말라는 것이었다. 컨설팅을 요청하는 고객은 자신의 힘으로는 안 되거나 부족한 부분이 있기에 의뢰하는 것이다. 그만큼 무언가를 필요로 하고 절실해하는 경우가 많기 때문에 컨설턴트를 믿고 지시한대로 잘 따라주는 고객들이 대다수다. 그래서 컨설턴트나 지도사는 기업의 문제나 상태를 제대로 진단하지 못하고 잘못된 해결책을 제시해서는 안 된다. 당장 고객과의 계약을 위해서 고객이 듣고 싶어 하는 이야기만 해주며 "걱정 마세요. 저희가 다 알아서 해드릴게요" 이렇게 안심시켜놓고 부정확한 데이터와 자신의 생각대로 컨설팅해서는 절대 안 된다는 얘기다.

나는 기업들마다 수백, 수천 가지 경우의 수가 있기 때문에 여러 변수를 철저하게 대비해 지도해주어야 한다고 누누이 강조했다. 하지만 그 회사는 한 달의 교육을 끝내고 영업 활동을 하면서 고액 계약이라는 달콤한 피에 취해 무조건 선 계약을 받는 식으로 일을 진행해나갔다. 어려운 문제가 생기면 항상 나에게 자문을 구했는데, 한 번은 미팅 차 그 회사를 방문했다가 정말 놀라운 소리를 들었다. 나에게 한 달 교육을 받고 정식으로 일한 지 3~4개월밖에 안 된 직원들의 급여가 수천만 원이라는 것이다. 그 직원들은 모두 고가의 외제차를 새로 구입했고 비싼 명품을 자랑하며 자신들의 성공 스토리에 취해 있었다. 나는 그 회사 최고 관리자를 만나 말했다.

"실장님, 이건 지금 너무 위험한 짓입니다. 아직 다들 초보인데 이런 식으로 계약하면 절대 감당 못합니다. 분명히 문제가 터집니다."

"아이고, 팀장님 걱정 마세요. 다들 열심히 해서 좋은 성과를 내고 있는데 무슨 걱정이 그렇게 많으십니까. 대표님이 잘 교육해주신 덕에 이렇게 잘되고 있으니 기뻐해주셔야죠!"

"실장님, 아직 저도 한 달에 3~4건 이상은 계약 안 합니다. 그게 넘어가면 분명 문제 생깁니다."

"아이고, 걱정 마세요. 이번에 자문위원들도 많이 뽑아놨고, 시스템을 워낙 잘 만들어놨으니 걱정 없습니다."

그 회사는 자체 규모는 크지 않았지만 대표가 다른 사업으로 많은 성공을 거둬 자금력이 굉장히 탄탄했다. 그리고 자금, 세무, 노무 등 각 분야의 권위 있는 자문위원들을 고용해 체계적인 시스템도 잘 갖추었다. 그런데 내가 계속해서 회사의 방식에 반대하고 걱정하자 이제는 나에게 아예 전화 자문조차 구하지 않았다. 그들은 내가 자신들을 과소평가하며 시기한다고 생각하는 듯했다. 아마도 처음 교육은 나에게 받았지만 자신들보다 나이도 어리고 스펙도 부족한 나보다는 그 분야에서 권위와 자격을 갖춘 자문위원들이 더 듬직하고 믿음직스러웠을 것이다. 나는 그 자문위원들에 대해서도 걱정을 표했었다.

"자문위원들은 어차피 회사 실적의 일정 부분을 가져가고 많은 급여를 받지만 책임은 없기 때문에 제대로 판단할 수 없습니다. 게다가 실전보다는 이론을 바탕으로 하는 사람들입니다."

하지만 나의 모든 걱정은 그들에게 쓸데없는 헛소리에 불과했다. 그들은 자신들의 영업 활동을 계속 이어나갔고 결국에는 수많은 고객의 클레임과 소송, 민원으로 경영 컨설팅을 시작한 지 1년도 채 되지 않아 회사가 산산조각났다. 직원들 역시 환수로 인해 대부분 신용 불량자로 전락할 상황에 놓였다. 덕분에 같은 일을 하는 나 역시 현장에서 그들이 떨어뜨려놓은 신뢰를 복구하기 위해 더 많은 노력을 해야 했다.

영업자에게 가장 중요한 덕목 중 하나이자 영업의 시작과 끝을 좌우하지만 어느새 잊어버리고 지내는 신뢰. 한순간을 모면하기 위해 또는 실적이라는 유혹에 취해 고객의 신뢰를 져버리는 행위는 영업자가 스스로를 파멸시키는 자살 행위라는 것을 꼭 기억하자.

'신뢰를 잃은 영업자는 결국 모든 것을 잃는다.'

고객이 듣고 싶어 하는 진짜 이야기를 하라

고객이 원하는 것을 말해주는
영업 사원들은 결코 실패하지 않는다.
-조시 빌링스(Josh Billings)

"이 상품의 장점은 이것이고, 가격은 이렇게고, 지금 구매하시면 이러이러한 최고의 혜택이 있고…."
"네, 생각 좀 해볼게요."

우리가 흔히 볼 수 있는 영업자와 고객의 대화일 것이다. 영업자들은 참 할 말이 많다. 정해진 짧은 시간 안에 고객을 설득하고 상품을 판매해야 하니까! 그리고 많은 사람이 이렇게 말한다.

"영업 사원은 말을 잘해야 돼."

대부분의 사람들이 이렇게 생각한다. 심지어는 영업자들 중에서도 '영업 사원은 말로 먹고사는데, 나는 말주변이 없어서 성공하지 못해'라는 황당한 생각을 하는 사람도 굉장히 많다.

물론 '언어는 권력이다'라고 말할 정도로 말의 힘은 굉장하다. 또 말을 잘해서 손해 볼 것도 전혀 없다. 하지만 말을 못한다고 해서 영업자의 성공에 큰 문제가 생기는 것도 아니다. 나 역시 말을 썩 잘하는 편이 아니다. 아니 오히려 못하는 편에 가깝다. 친한 사람들과 대화를 할 때는 아무 문제없고 오히려 말 잘한다는 소리를 들을 때도 있지만, 워낙 낯가림이 심하기 때문에 처음 만난 사람들과의 대화를 매우 힘들어한다.

내가 이런 이야기를 하면 '에이~ 말도 안 돼'라고 생각하는 고객도 많을 것이다. 고객들에게는 내게 말주변이 없다는 사실을 들키지 않기 때문이다. 하지만 내가 고객을 잘 찾아가지 않고 특별한 용건이 없을 때는 안부 전화조차 잘 하지 않는 가장 큰 이유는 낯가림이 매우 심하고 말주변이 없기 때문이다. 학창 시절부터 나를 알고 지내온 친한 친구들은 아직도 내가 영업을 잘하는 것을 매우 신기해한다.

나의 이런 성격을 아는 주변 사람들은 이 두 가지 질문을 많이 한다.

"그런데 어떻게 영업할 생각을 했어?"

질문으로 대화하라

처음에는 돈을 많이 벌 수 있다는 기대 하나로 무작정 영업의 세계로 뛰어들었다. 낯가림이고 불안이고 이런 것들을 생각할 겨를조차 없었다. 그만큼 성공이 간절했다. 지금도 내가 들어온 이 길에 대해 한 번도 후회한 적이 없다. 아울러 지금껏 변하지 않은 확고한 생각은 '돈 버는 데는 영업이 최고다!'라는 것이다.

컨설팅은 자영업처럼 투자 비용이 많이 들지도 않고 그만큼 감당해야 할 리스크도 훨씬 적다. 여러 가지 프로모션이 매우 많기 때문에 어느 정도 성과만 있다면 돈을 벌기도 모으기도 아주 수월하다. 또 트렌드나 유행을 많이 타지 않기 때문에 정말 최고의 직업이라고 생각한다. 경기 불황이 점점 더 심해질수록 기업체나 사람들은 결국 영업이 '답'이라는 사실을 알게 될 것이다.

나는 왜 사람들이 수천, 수억씩 큰돈 들여가면서 얼마 벌지도 못하고 쉽게 망하는 위험한 사업을 하는지 모르겠다. 나도 여러 가지 많은 사업을 해봤지만 결국 영업보다 훨씬 더 힘들고 결국에는 돈만 수억 날렸다.

다른 한 가지 질문은 이것이다.

"그런데 어떻게 그렇게 영업을 잘해?"

경력이 많이 쌓인 지금도 처음 보는 고객들과의 대화를 어려워하는데 처음 영업을 시작했을 때는 정말 무섭고 힘이 들었다. 당시에는 열정은 가득했지만 대화를 이끌어가는 기술이 부족했기 때문이다. 그래서 만들어낸 나의 대화 방법은 이야기를 하는 게 아니라 질문하는 것이었다.

그렇게 처음 고객들과 어색함 없이 대화하기 위해 혼자 엉성하게 만든 방법을 수정에 수정을 거쳐 지금도 쓰고 있다. '소 뒷걸음질 치다 쥐 잡은 격'이라는 속담이 생각날 정도로 잘 만든 방법이라고 가끔 웃곤 한다. 먼저 고객들을 만나면 "안녕하십니까. ○○ 소속의 팀장 안규호입니다"라고 인사한다.

이렇게 간단한 자기소개를 마치고 바로 본론으로 들어간다. 굳이 내용을 돌려서 말하거나 의미 없는 이야기를 늘어놓지 않는다. 옛날에 읽었던 영업 관련 저서들에는 절대 처음 만나서 비즈니스 얘기를 꺼내지 말라고 쓰여 있었다. 이를테면 연애하듯이 천천히, 천천히 하라고 얘기하는 내용이 많았는데 이제는 시대가 바뀌었다. 고객들은 그냥 딱 봐도 영업 사원이 무슨 이야기를 할지 알고 있다. 영업 사원에게 많은 시간과 기회를 줄 만큼 한가하지도 않다. 옛날처럼 '지나가다 들렀어요. 언제 또 시간이 괜찮으세요?' 이런 방식은 더 이상 통하지 않는다.

간단한 소개 후 나는 고객에게 끊임없이 질문한다. 지금 내가 하는 기업 컨설팅 영업은 대표를 만나기 전에 미리 회사에 관한 각종 서류를 준비하기 때문에 정보를 다 알고 있지만 그래도 꼭 다시 한 번 또 묻는다.

"창업하신 지는 얼마나 되셨어요? 매출은 얼마나 나오죠? 요새 경기불황 때문에 제조업은 다 힘들다고 하는데 대표님은 어떤 점이 가장 힘드시죠?"

이렇게 계속 질문을 던지며 대화를 이어나간다. 이때 가장 중요한 것은 취조를 하듯 물어서는 절대 안 된다는 것이다. 자연스럽게 가장 간단한 질문부터 편하게 시작한다. 그리고 고객의 답변에는 꼭 반응을 해야 한다. 가장 반응하기 좋은 것은 고객이 했던 말을 다시 따라 하는 것이다.

"창업한 지 얼마나 되셨죠?"

"아~ 한 3년 정도 되었네요."

"아~ 3년이요. 기업은 3~4년차가 가장 데스 밸리(Death Valley)라는데, 대표님은 힘든 점 없으신가요?"

이런 식으로 내가 질문하고 고객이 답변하면 아주 자연스럽게 대화를 리드해나갈 수 있다. 이 질문 화법은 모든 업종에서 사용할 수 있는 아주 쉬우면서도 빠른 효과를 낼 수 있는 방법이다. 말주변이 부족하거나 상품에 대한 완벽한 지식이 없어도 자연스럽게 대화가 이루어진다. 또 계속해서 고객의 이야기를 듣기 때문에 그 속에서 고객이 진짜 원하는 이야기가 무엇인지, 또 무엇을 망설이고, 고민하는지 빠르게 파악할 수 있다.

하수 영업자는 고객보다 말이 많다

고객과의 대화에서 고객보다 많이 말하는 영업자는 무조건 진다. 어떤 고객도 당신의 수다스러운 말을 듣고 싶어 하지 않는다. 어느 날 오랜만에 만난 친구가 관심도 없는 자기 이야기만 끊임없이 늘어놓는다고 생각해보자. 아마 그 시간은 정말 지루하고 도망치고 싶을 것이다. 친구의 경우에도 이러한데 처음 보는 영업자가 와서는 관심 없는 이야기만 마냥 늘어놓는다면 과연 어떨까? 그런데 영업자들은 그런 행동을 고객들에게 계속 되풀이한다. 그러니 당연히 성과가 안 나올 수밖에!

고객이 어떠한 상품을 사러 찾아왔던, 아니면 영업자가 고객에게 직접 찾아갔던, 일단 만나서 대화를 한다는 것 자체가 고객은 그 상품이나 당신의 말 또는 영업자 자체에 대해 조금이라도 관심이 있는 것이다. 그런데 우리는 그렇게 관심이 있어서 일부러 소중한 시간을 낸 고객에게 관심도 없는 쓸데없는 이야기만 구구절절이 늘어놓으니 일이 잘 풀릴 리 없다.

고객을 당신의 화려한 언변이나 가격, 상품으로 설득하려 하지 마라. 고객은 설득당하고 싶어서 당신의 이야기를 듣고 있는 게 아니라 자신이 듣고 싶어 하는 진짜 이야기를 기다리고 있는 것이다. 영업자는 고객에게 말하는 것이 아니라 고객의 이야기를 들어야 한다. 고객에게 말하고 설명하는 것이 아니라 자연스럽게 질문해야 한다. 그렇게 스무고개처럼 질문과

답을 반복하다 보면 정말 고객이 무엇을 원하는지 알게 된다. 그러면 영업자는 그 고객이 궁금해하는 점, 망설이는 이유, 구매하고 싶은 이유와 목적 등에 맞춰 고객이 듣고 싶어 하는 이야기를 답해준다. 그걸로 끝이다. 어렵게 생각할 필요가 전혀 없다. 영업은 아주 단순한 원리다. 필요나 관심을 갖고 찾아온 고객이 기분 좋게 구매할 수 있게 도와주면 그걸로 끝이다.

당신 앞에 있는 고객이 듣고 싶어 하는 진짜 이야기는 따로 있다는 사실을 명심하자. 입을 닫고 귀를 열자. 그리고 고객의 숨겨진 이야기를 찾아내자. 고객이 듣고 싶어 하는 진짜 이야기를 해주는 사람, 그가 바로 최고의 영업자다.

당신의 센스에
고객은 감동한다

상품을 팔기 전에도
상품을 파는 순간에도
팔고 난 이후에도 고객에게 최선을 다하라.
– 샘 월튼(Sam Walton)

사무실에서 원고를 쓰다가 집중도 잘 안 되고 힘들어 바람 좀 쐬려고 지인이 개업한 도심 외곽의 한적한 카페를 방문했다가 아주 재미있는 경험을 했다.

한적하고 분위기 좋은 카페인 데다 적당히 조용해서 따뜻한 아메리카노를 한 잔 시켜놓고 열심히 원고를 쓰고 있었다. 한 시간 조금 넘었을까 남자 직원 한 명이 다가와 물었다.

"그 자리 좀 어두우시죠?"

"아니에요, 괜찮습니다."

"그쪽 자리가 좀 어두워요. 거기 전등 켜드릴게요."

이렇게 말하고는 내가 앉아 있는 창가 자리의 전등을 켜주었다. 생각지도 못한 대단한 감동이었다.

　전혀 예상 못했던 일이기에 조금 오버해서 표현하면 정말 눈물이 날 만큼 감동했다. 보통 카페에서 일하는 직원들은 최저 시급에 가까운 알바생이 전부인데, 저런 엄청난 폭풍 센스를 가지고 있다니. 나는 그 직원분에게 감사하다고 인사했다.

　'정말 대단한 센스다. 저런 사람들이 영업을 해야 하는데. 사장님 오시면 꼭 애기해줘야지.'

　이렇게 속으로 생각하고는 정말 즐거운 마음으로 원고를 작성했다. 한 직원의 작은 센스가 단돈 5000원밖에 지불하지 않은 고객의 시간을 너무나 행복하게 만들어준 것이다.

　그렇게 즐거운 마음으로 원고를 쓴 지 두어 시간쯤 지났을까? 새로운 여자 직원이 출근했다. 그 직원은 도대체 뭐가 불만인지 카페에 있는 모든 손님이 다 들을 정도로 욕을 해가며 다른 사람의 흉을 보았다. 나에게 감동을 주었던 남자 직원은 곧 퇴근했다.

　그런데 여자 직원이 갑자기 내 자리의 불을 탁 꺼버리는 것 아닌가. 나는 너무 당황했다. 밝은 조명 아래에서 원고를 쓰다 갑자기 어두워지니 좀 불편해 여직원에게 이야기했다.

　"저기, 이쪽 자리 불이 갑자기 꺼졌는데 좀 켜주시겠어요?"

　"불 다 켠 건데요?"

　"아니, 좀 전까지 제 자리에 켜져 있던 불이 꺼졌어요."

　"원래 거기 불은 켜는 거 아닌데요."

　이렇게 말하고는 홱 돌아서 가버렸다. 지금까지 수많은 카페를 다녀봤지만 이건 불친절을 넘어서는 말투와 태도였다. 너무 당혹스럽고 갑자기 분노가 치밀었다. 마음 같아서는 음료 몇 잔 시켜서 바닥에 확 뿌려버리고 싶은 심정이었다. 하지만 지인의 가게라 화를 꾹꾹 참으며 서둘러 카페를 나섰다.

얼마 지나지 않아 카페 사장님이 전화를 걸어 왔다.

"왜 좀 더 기다리지 않고 그냥 갔어?"

나는 조금 전 카페에서 있었던 일을 아주 상세하게 말씀드렸다. 사장님은 미안하다는 사과를 하고 전화를 끊었다. 하지만 그 후로 나는 그 카페를 두 번 다시 방문하지 않았다.

그 여자 직원은 결국 해고되고 남자 직원은 매니저로 승진도 하고 시급도 많이 올려주었다고 한다. 낮부터 그 자리에 전등이 꺼져 있던 걸로 봐서는 정말 켜지 말라고 지시를 내린 전등이었을지도 모른다. 하지만 한 직원은 센스 있게 손님을 배려했고 다른 한 명은 그 전등을 그냥 꺼버리고 고객의 부탁까지도 무시해버렸다.

센스는 액세서리다

나는 항상 영업자는 고객 감동의 노예가 되어서는 안 된다고 얘기한다. 고객을 감동시키려다 정말 고객의 노예가 되어버리는 영업자가 너무나 많기 때문이다. 하지만 영업자에게 센스는 절대 없어서는 안 될 소중한 무기다.

센스는 영업자에게 '액세서리' 같은 것이라고 생각한다. 여자들에게는 귀걸이나 목걸이, 남자들에게는 시계나 행거칩 같은 것이다. 액세서리를 안 한다고 크게 티가 나는 것은 아니다.

하지만 멋진 액세서리는 그 사람을 더욱 돋보이게 만든다. 반면 때에 맞지 않는 이상한 액세서리는 그 사람의 이미지를 깎아내리기도 하지만 말이다.

나는 매주 분당으로 책쓰기에 관한 강의를 받으러 다닌 적이 있다. 저녁 시간에 하는 강의였기 때문에 항상 근무하다 말고 올라가야 했다. 피곤하고 힘들었지만 의미 있고 설레는 순간이었다. 그렇게 한 3~4주 정도 지났을 때 같은 기수의 수강생분들이 나에게 이런 말을 했다.

"안 작가님을 보면 항상 신사 이미지가 딱 떠올라."

"맞아. 항상 저렇게 멋진 행거칩을 하고 다니고."

나는 출근할 때 항상 정장에 행거칩을 하는데, 그 작은 행거칩 하나가 나에게 신사라는 이미지를 심어준 것이다.

이렇게 센스는 그 사람을 빛나게 해주는 최고의 무기가 된다. 선천적으로 좋은 센스를 타고난 축복받은 영업자도 있다. 하지만 센스는 현장에서 고객들과 부딪히는 가운데 충분히 배양할 수 있다. 만약 당신이 작은 센스로 고객을 감동시킬 수 있다면 그 고객은 당신의 영원한 열성 '팬'이 되어줄 것이다.

어렵게 생각할 필요 없다. 영업자의 센스는 고객이 전혀 생각하지 못한 말이나 작은 행동이다. 내가 고객 입장에서 한 번만 더 생각해보면 '답'은 금방 나온다. 왜 이런 말도 있지 않은가.

"당신이 무엇을 상상하든 그 이상을 보게 될 것이다."

이게 바로 센스다. 즉 상상 이상의 결과를 만들어내는 것이 영업자의 센스인 것이다.

고객을 열성 팬으로 만드는 비법

내가 상대방의 입장이라면 어떨까? 영업자 자신만 생각하지 말고 고객의 마음을 생각해보아야 한다. 예전에 즐겨 했던 포커게임에 이런 격언이 있다.

"하수는 다른 사람의 패를 보고 베팅하고, 고수는 자신의 패를 보고 베팅한다."

참 기가 막힌 명언이다. 하수는 다른 사람이 어떤 패를 가졌을까 예상하고 승패를 예측하지만, 고수는 다른 사람이 지금 나의 패를 어떻게 생각하고 배팅할까를 생각한다는 것이다. 하수는 자기 생각만 하고 고수는 다른 사람의 마음을 읽는다는 얘기다.

영업자들이 이 치열한 전쟁에서 고객을 이기고 억대 연봉을 받으려면 가장 먼저 고객의 생각과 마음을 읽어야 하는 것이다. 그렇게 하면 그 영업자에게는 자연스레 고객을 감동시킬 수 있는 센스가 생겨난다.

우리가 흔히 경험한 것들을 생각해보면 된다. 추위가 심한 날 밥을 먹으러 갔는데 따뜻한 물수건을 받았을 때, 머리를 자르는데 피곤해 보이는 나에게 손 마사지를 해줬을 때, 작은 쇼핑몰에서 물건을 구매했는데 손편지가 들어 있을 때를 생각해보라. 우리는 소소하게 참 많은 감동을 받는다. 이런 고객 감동의 모든 공통점은 고객 입장에서 고객의 마음으로 생각한다는 것이다.

영업 현장에서 한 번만 더 고객 입장에서 생각해보자. 그리고 거기에 당신의 작은 센스를 덧붙인다면, 그 고객은 당신의 영원한 열성 팬이 될 것이다. 고객의 마음을 읽고 베푼 작은 센스가 고객을 감동시키고, 그 감동이 당신에게 최고의 성과를 가져다줄 것이다.

고객의 불평은
가장 좋은 선물이다

불평하지 않은 고객이
사실상 가장 믿을 수 없는 고객이다.
다시 말하면 불평하는 고객이
가장 믿음직한 고객이라는 뜻이다.
- 자넬 발로(Janelle Barlow)

"사람들은 항상 불평을 합니다. 저는 그 불평을 해결해주고 돈을 벌었습니다."

가난한 배우 부부의 아들로 태어나 영어 강사에서 '알리바바'를 창업해 보유 재산 250억 달러로 중국 제1의 부자 대열에 오른 마윈 회장의 명언이다. 그는 이런 말을 남기기도 했다.

"불평이 많다는 것은 기회가 많다는 것이다. 문제를 해결하려는 노력이 오늘날의 알리바바를 만들어낼 수 있었다."

고객들은 언제나 불평이 참 많다. 나는 잘해준다고 최선을 다했는데 고객은 만족하지 못하고 항상 불평한다. 가끔 고객의 불만 사항을 들어주다 보면 정말 열 받고 짜증 날 때가 많다. 하지만 고객의 불평불만을 조용히 들어주는 것은 영업의 기본 중 기본이다.

항상 고객의 불만에 귀를 기울여라

예전에 휴대폰 판매사로 근무할 때 일이다. 약국을 운영하는 여성 약사 고객에 휴대폰을 판매한 적이 있다. 당시는 단통법이 막 통과되었고, 그 고객이 구입한 모델은 삼성의 '갤럭시 노트4'였다. 출시된 지 보름도 채 지나지 않아 공시 지원금이 워낙 적었고 단통법의 시행으로 어디를 가도 똑같은 가격에 휴대폰을 구입할 수밖에 없었다.

"이 핸드폰 너무 비싼 거 아니에요?"

고객은 90만 원가량 되는 비싼 제품을 구입하길 망설였으나 오랜 상담 끝에 결국 판매할 수 있었다. 하지만 그건 고통의 시작이었다. 정확히 일주일 후부터 매일 8시만 되면 어김없이 전화가 걸려왔다.

"이 휴대폰 너무 비싸게 샀어요. 반품해주세요. 다른 매장에서는 10만 원 더 싸게 판단 말이에요."

나는 차분히 대답했다.

"비싸게 산 게 아니라 정해진 가격대로 구입한 것입니다. 이유도 없이 그냥 비싸게 샀다는 이유만으로는 반품을 받을 수 없습니다. 그리고 다른 제품도 아니고 나온 지 얼마 되지 않아 물량도 부족한 제품을 다른 매장에서 더 싸게 판다는 것도 말이 안 되는 이야기입니다. 그 매장을 알려주세요. 진짜 그렇다면 제가 물어주겠습니다."

하지만 그 고객은 매장 위치를 알려주지 않았다. 그 후로도 매일 똑같은 불만 사항을 30분 이상 들어야 했다. 겨우 해결했다 싶으면 다음 날 똑같은 문제로 클레임 전화를 걸었다.

그렇게 3주가 지나갔다. 그 고객은 3주 동안 주말을 제외하고 평일 8시에 매일 전화를 걸어 불만을 쏟아냈다. 전화를 받지 않으면 받을 때까지 전화를 걸었다. 정말 미칠 것만 같았다. 악성 클레임을 겪어본 사람이라면 알 것이다. 이것이 얼마나 사람을 미치게 하는지 말이다. 그러던 중 나의 휴무날 또다시 전화가 왔다.

"매장에 찾아왔는데, 왜 안 계세요? 도망가신 거예요?"

"도망간 게 아니라 오늘 쉬는 날입니다. 내일 오시면 상담해드릴게요."

"아니요. 오실 때까지 기다릴 테니 지금 당장 나오세요."

안 된다고 했지만 정말 그 고객은 가지 않고 기다렸다. 매장의 직원들까지 퇴근하지 못하게 피해를 끼쳤다. 결국 내 이성의 끈이 끊어지고 말았다. 나는 그 고객에게 전화를 걸어 미친 듯이 욕을 퍼부었다.

"내일부터 당신네 약국 가서 똑같이 복수해주겠다."

협박 아닌 협박을 했다. 그리고 다음 날부터 그 고객은 더 이상 나에게 전화를 하지 않았다.

영업을 하다 보면 이런 악성 고객들의 클레임을 접하는 경우가 더러 있다. 클레임에 지치다 보면 결국 모든 고객의 불만 사항을 똑같이 취급하고 무시해버린다. 하지만 고객의 불만 사항은 영업자에게 '소중한 선물'이자 고객의 마음을 읽을 수 있는 가장 중요한 '힌트'다. 고객의 힌트를 읽고 마음을 맞추어야 최고의 영업자가 될 수 있는 것이다.

당신이 식당을 방문했을 때 정말 화가 치밀어 오르는 실수를 하지 않는 이상은 '여기는 별로다. 다시는 안 와야지' 이렇게 생각한 곳에서 음식을 모두 먹고 계산할 때 "식사 맛있게 하셨어요?"라고 말하는 사장님이 있다면 "아니요. 그저 그랬어요. 다시는 오지 않으려고요"라고 대답하지 않을 것이다. 그냥 "네" 하는 간단한 대답만 하고 다시는 방문하지 않을 것이다. 하지만 단골 식당이나 또 방문하고 싶은 곳에서는 "오늘은 이게 조금 별로였는데 이것만 빼면 너무 좋았어요"라고 불만 사항을 편안하게 이야기해 줄 것이다.

당신에게 불만을 이야기하는 고객의 마음도 똑같다. 큰 불만이 아닌 이상 다시는 볼일 없는 사이에 굳이 귀찮고 입 아프게 떠들지 않는다. 그래도 마음에 드는 부분이 훨씬 더 많고 '이것만 좀 고쳐줬으면 좋을 텐데'라고 생각하기 때문에 불만을 이야기하는 것이다.

항상 고객의 불만에 귀를 기울이고 그 불만을 해결할 수 있도록 도와주어야 한다. 물론 당신이 해결할 수 없는 불만 사항도 있을 것이다. 당신이 대출 회사의 영업 사원인데 회사의 정해진 금리를 마음대로 깎아줄 수는 없다. 보험을 판매하고 있다면 보장을 당신 마음대로 올려줄 수도 없다. 하지만 그럼에도 고객의 불만 사항을 만족시켜주는 것은 영업자 당신의 몫이다. 당신의 서비스로 고객의 불만 사항을 최대한 해소해줘야 하는 것이다. 고객의 불만이 새로운 제품을 창조할 수 있으니 말이다.

때론 고객의 불만이 새로운 제품을 만든다

직원들과 새로운 마케팅 방법에 대해 회의를 한 적이 있다. 나를 비롯해 모인 세 사람의 아이디어는 모두 비슷비슷했다. 답답한 마음에 직원들에게 물었다.

"아~ 뭐 새로운 아이디어 없을까?"

"지금 세상에 새로운 게 어디 있겠어요. 그냥 하던 걸로 계속하시죠?"

너무 성의 없이 대답하는 것 같아 화가 났지만 꾹 참고 이 이야기를 들려주었다.

"너 바퀴가 언제부터 우리 생활에 사용된 줄 알아? 기원전 3500년 전이 래. 근데 우리가 끌고 다니는 바퀴 달린 여행용 캐리어는 언제 처음 생긴 지 알아? 바로 1970년대야. 지금의 캐리어 모습을 갖춘 건 그보다 10년이 더 걸린 1980년대에 개발되었고. 지구상에서 가장 똑똑한 인류가 수백 년 동안 무거운 가방을 낑낑거리며 들고 다니면서도 바퀴 달린 가방을 생각하지 못했다는 거야. 이처럼 우리가 생각하지 못할 뿐이지, 새로운 건 어디서나 존재하는 거야."

이 캐리어 발명에 관한 이야기로 지쳐가는 분위기에서 모두 조금 더 열심히 참여하는 회의로 분위기를 전환할 수 있었다. 처음 신문에서 이 기사를 접했을 때 나는 매우 놀랐다. '항상 사람들은 새로운 것을 갈구하면서도 이렇게 단순한 것조차 해결하지 못하고 있었구나' 하고 말이다.

사람들이 여행 가방을 들고 다니며 무거워서 이동하기 힘들다는 불만은 최소 수십 년 이상 제기돼왔을 테고 그걸 해결하기 위해 꾸준히 노력한 결과물이 바로 바퀴 달린 '여행용 캐리어'가 아닐까 싶다.

고객의 어려운 불만을 해결해주어야 새로운 것을 만들어낼 수 있다. 누구나 쉽게 해결할 수 있는 불만이라면 굳이 당신에게까지 오지도 않았을 것이다. 고객의 불만 사항은 스무고개같이 꽁꽁 숨겨져 있는 고객의 마음을 가장 정확히 읽어낼 수 있는 소중한 힌트다. 이 힌트를 이용해서 고객의 숨겨져 있는 마음을 맞추도록 하자. 고객의 불만을 해결할수록 당신에게는 계속해서 더 새로운 길이 열릴 것이다.

성공하는 사람은

이미 성공한 사람에 대해 칭찬의 말을 듣고,

실패하는 사람은 성공한 사람에 대해 비난의 말만 한다.

-나폴레온 힐(Napoleon Hill)

3장

억대 연봉자가 되기 위해 명심해야 할 것들
Learn and Run

세상에 유일무이한 제품은 없다.
셀 수 없이 많은 비슷한 제품이 존재하고 경쟁자가 존재한다.
고객은 나의 제품을 보는 것이 아니라
영업자 자체를 보는 것이다.
내가 고객에게 무언가 특별한 가치를 지닌 존재가 되지 못한다면
고객이 나에게 꼭 그 제품을 사야 할 이유가 없어진다.

알아두면 좋을 영업 명언 10선

- ● 실적이 인격이고 계급이다.
- ● 눈앞의 이익을 위해 고객과 흥정하지 마라.
- ● 소개로 이어지지 못하는 영업은 미래가 없다.
- ● 영업은 근성이 아니라 기획이다.
- ● 영업은 노력을 배신하지 않는다.
- ● 영업은 이론이 아니라 실전이다.
- ● 영업은 매일매일 도전을 반복하는 것이다.
- ● 영업은 누구에게나 평등한 기회를 준다.
- ● 영업은 거절에서부터 시작한다.
- ● 영업은 사람이 만들어낼 수 있는 가장 큰 비즈니스다.

독서는 중국집 배달부의 인생도 바꾼다

> 종교 서적이든 아니든 책을 크리스마스 선물로 주라.
> 책은 살찔 염려도 전혀 없고 죄책감에 시달리는 일도
> 거의 없고 영원히 개인 소장할 수 있다.
> – 레노어 허시(Lenore Hershey)

17세의 한 소년이 있었다. 그는 집이 너무 가난해 일찍이 학업을 포기하고 돈을 벌어야 했다. 미성년자의 나이에 그가 할 수 있는 일은 많지 않았고, 거리를 떠돌다 처음 시작한 게 작은 중국집의 배달부였다. 하루 13시간 근무에 월급 130만 원, 미성년자에 원동기 면허가 없어 받은 적은 월급이었다. 하지만 딱히 다른 일을 찾을 수도 없고, 가게에 다른 배달원 2명이 숙식하는 작은 방이 있어 일단 걱정은 덜 수 있었다. 그곳에선 소년이 미성년자라는 사실이 아무런 문제가 되지 않았다. 그는 항상 술과 담배에 찌든 삶을 살았다. 퇴근 시간이 되면 누가 먼저라고 할 것도 없이 말했다.

"오늘은 뭐 하고 놀까? 뭐 재미있는 일 없어? 할 것도 없는데 그냥 술이나 마실까. 그러지 말고 신나게 바람이나 쐬러 가자."

일이 끝나면 다 같이 술을 마시고 도로를 휘저으며 오토바이를 타고 무작정 달렸다. 타인의 시선에는 한심해 보이는 그런 행동이 그들에게는 아무렇지 않았다. 오히려 더 무법자처럼 행동하고 요란하게 뭉쳐 다닐수록 같이 어울리고 싶어 하는 이들이 많아졌다. 지금 하고 있는 행동이 잘못됐다고 느끼거나 반성하는 사람은 단 한 명도 없었다. 그 속에서는 다들 그렇게 살고 있으니 말이다.

오늘은 뭐 하고 놀까?

'생각하는 대로 살지 않으면 사는 대로 생각하게 된다.'

정말 인생은 이 말 그대로 이루어지는 것 같았다. 그곳에서는 아무런 꿈도 희망도 목표도 없었다. 다들 그냥 그렇게 되는 대로 즐기며 살아갔다.

"돈 많이 벌고 부자가 돼서 부모님께 효도할 거야!"

이렇게 다짐하며 집을 떠나 사회에 나갔던 소년의 꿈은 어느새 300만 원짜리 오토바이를 사는 것으로 바뀌었다. 그리고 '오늘은 뭐 하고 놀까?'라는 것이 가장 큰 고민거리가 되었다.

시간은 계속 흘러 3년이라는 세월 동안 달라진 것은 없었다. 계속해서 배달과 주방 보조, 막노동, 편의점, 서빙 등 여러 가지 직업을 전전하며 살았다. 몇 년 동안 일을 했지만 수중에 남은 돈이 없었다. 하루 벌어 하루 사는 인생이 계속 되었다. 성인이 되어서는 돈을 많이 벌 수 있다는 친구의 권유로 유흥업소의 웨이터로 취직했다.

말끔한 외모 덕분에 가게 접대부와 손님들에게 인기가 많았다. 팁과 월급을 합치면 한 달 수입이 300~400만 원을 훌쩍 넘었다. 밤의 세계는 너무나 화려했다. 지금까지 살아온 것과는 다른 인생이었다. 슬리퍼에 트레이닝복이 아니라 멋진 정장에 반짝이는 구두를 신었고 주위에는 항상 예쁜 여자들과 비싼 술이 가득했다. 지금까지 한 달에 200만 원도 못 벌고 구질구질하게 살았지만 이제는 아니었다. 그때 확고한 꿈과 목표가 생겼다.

'밤 세계에서 성공해 지하에 커다란 유흥업소가 있는 모텔 사장이 되자.'

하지만 2년은 금방 지나갔고, 어느새 군대에 갈 시기가 되었다.

의식과 생각이 변하면 행동이 바뀐다

자유롭고 방탕한 생활을 해온 그에게 규칙적이고 속박적인 군 생활은 지옥 그 자체였다. 하루에도 열두 번씩 죽고 싶다는 생각을 했다. 선임과의 싸움, 동기들과의 트러블로 군 생활 부적응자로 낙인찍혀버렸다. 사람들의 눈을 피해 혼자 있을 수 있는 막사 도서관이 유일한 피난처가 되었다. 틈만 나면 도서관에 가서 닥치는 대로 책을 읽기 시작했다. 학교를 자퇴하고 몇 년 만에 처음 해보는 독서였지만 재미있었다. 책은 그의 가장 좋은 친구가 되어주었다. 부동산, 주식, 여행, 맛집, 자기 계발서, 경제, 창업, 자서전, 와인 등 닥치는 대로 읽었다. 좋은 책은 그를 감동시켰고, 점차 그의 의식과 생각을 바꿔주었다. 거짓말처럼 책을 읽으면 읽을수록 그의 모습은 조금씩 달라졌다.

'과연 그동안 내가 정상적으로 살았던 것인가? 나는 나 자신에게 어떤 가치를 부여하고, 어떤 사명을 가지고 살았는가?'

자신의 모습을 돌아보며 반성했다.

'앞으로는 더 이상 인생을 낭비해서는 안 되겠다. 나의 미래를 위해서 사

람들에게 사랑받고 존경받으며 살아야겠다.'

다짐하고 또 다짐했다. 의식과 생각이 변하자 행동이 변했고, 행동이 변하자 누구보다 멋지게 군 생활을 마치며 전역할 수 있었다.

밤의 황제가 되는 것이 꿈이었던 그가 군대를 전역하고 들어간 곳은 유흥업소가 아니라 대출 영업직이었다. 하지만 처음 경험해본 영업은 정말 어려웠다. 아무도 영업에 대해 제대로 가르쳐주지 않아 지치고 힘들었다. 하지만 그에게 인생의 방향과 길을 알려주었던 책이 이번에는 영업에 대한 가장 좋은 교재가 되고 선생님이 되어주었다.

책은 내 인생을 통째로 바꿔놓았다

나의 인생은 책을 통해 통째로 바뀔 수 있었다. 군대에서 책을 읽지 않았더라면 나는 아마도 지금쯤 성공한 영업자나 사랑받는 코치가 아닌 잘나가는 유흥업소 사장이 되어 있을 것이다. 직업을 갖고 누구의 삶이 더 낫다고 이야기 할 수는 없지만, 나는 현재의 내 삶이 너무나 행복하다. 가끔 주변 사람들은 나에게 말한다.

"도대체 왜 이렇게 '책, 책' 하는 거야? 도대체 책을 보면서 뭘 배운다는 거야? 그건 너무 오버야!"

이렇게 말하는 사람들에게 언젠가는 꼭 알려주고 싶다. 좋은 책 한 권의 힘이 얼마나 위대하고 강력한지 말이다. 내 주변에는 1년에 책 한 권도 읽지 않는 사람이 대부분이다. 그래서 책의 소중함을 알지 못하는 것이 매우 안타깝다.

나는 '독서찬양론자'다. 언제나 책은 나에게 등대 같은 존재가 되어주었다. 절망 속에서 모든 것을 포기하려 할 때 다시 일어설 수 있도록 희망이 되어주었다. 실패와 절망 속에서 모두가 나에게 등을 돌릴 때 가족과 책만은 내 옆을 떠나지 않고, 나에게 가장 큰 삶의 이유와 용기를 심어주고 모든 고난과 역경을 이겨낼 수 있게 해주었다.

당신은 한 권의 책을 완성하기까지 얼마나 많은 것을 공부하고 오랜 시간을 투자해야 하는지 알고 있는가? 우리는 2만 원도 채 안 되는 책 한 권을 읽으며 그 저자 평생의 지식과 철학, 메시지, 삶의 희로애락을 그대로 다 느끼고 배울 수 있다. 지구상에 독서보다 투자 대비 높은 수익률을 낼 수 있는 상품은 단언컨대 존재하지 않을 것이다.

우리 회사 직원들은 매주 내가 정해주는 책을 읽고 독후감을 써와야 한다. 처음에는 반발이 심했다.

"아니, 무슨 중·고딩도 아니고 독후감을 써와요? 할 것도 많은데 이건 너무해요. 책만 읽으면 잠이 와요."

여러 가지 불만이 많았다. 하지만 꾸준히 몇 달 동안 책을 읽게 하자 이제는 자신이 좋아하는 책을 구입해서 읽고 나에게 추천해준다. 스스로 재미를 붙여가는 것이다. 꾸준히 책을 읽고 함께 공부하는 동안 점점 의식이 바뀌고 수입이 늘자 흥미와 재미가 생긴 것이다. 그리고 지금은 작가들의 강연회나 수업에 꼭 참가하려 한다. 나는 평일에 강연이 있을 경우 일정을 조정해서라도 참가하게 해준다.

내 책을 읽고 있는 당신에게 꼭 이 말을 해주고 싶다. 절대로 깨끗이 읽지 마라. 책을 읽을 때는 한손에 볼펜을 들고 작가의 생각 중 좋았던 부분에 체크를 하고 당신과 생각이 다른 부분에는 당신의 의견을 빼곡히 적어

라. 사람들은 책을 너무 깨끗하게 읽는 경향이 있다.

책은 작가의 생각을 당신에게 주입시키는 것이 아니라, 작가와 함께 생각하고 의견을 교환하며 토론하는 매체이다. 내가 유일하게 시청하는 뉴스가 바로 〈JTBC 뉴스룸〉이다. 손석희 사장님이 좋아서 보는 것도 있지만, 다른 뉴스는 앵커가 나와 일방적으로 소식을 전달하는 것으로 끝나지만 이 프로는 앵커와 기자, 그리고 시청자가 함께 토론하는 것 같아서 좋다. 중요한 것은 생각의 주입이 아니라 자신의 의견을 내는 것이다. 이 책을 읽으며 당신의 의견을 빼곡히 적었다면, 그걸 나에게 보내라. 당신의 생각과 나의 생각을 소통할 수 있으니 당신에게 책값 이상의 대가를 지불하겠다.

꿈을 이루기 위해 해야 할 일

책의 내용이 마음에 들었다면 꼭 작가의 강연회나 수업에 참석해라. 나도 처음부터 그랬던 건 아니지만 책을 읽다 보니 작가의 모습이 궁금했다. 인터넷을 검색해보고 나중에는 강연이나 세미나에 참석하게 되었다. 나는 작가들을 만나며 또 한 번 인생의 전환점을 맞았다. 물론 참석해보면 실망스러운 강의도 많았다. 하지만 배울 것이 훨씬 더 많았다. 열정적이고 적극적으로 꿈을 이루기 위해 노력하는 사람을 만날 수 있어 행복했다. 그들과 친분을 쌓고 의견을 교환하며 동기 부여를 받았다. 그렇게 가르침을 받고 배움을 얻어 억대 연봉을 받는 영업자가 되었고, 강연가와 코치 그리고 작가의 꿈까지 이룰 수 있게 되었다. 당신의 꿈을 이루고 싶다면 먼저 꿈을 이뤄낸 사람들을 만나야 한다. 내 책이 마음에 들었다면 나를 찾아오고 별로라면 다른 책을 읽고 그 작가를 찾아가 배움을 청하라. 꿈을 이룬 사람

곁에 있어야 당신의 꿈도 이룰 수 있다.

독서가 한 남자의 인생을 배달부와 웨이터가 아닌 성공한 영업자로, 작가로, 강연가로 만들어주었다. 지금 당신은 이 책을 읽고 있는 것만으로도 이미 충분히 최고의 영업자로 성공할 수 있는 조건을 갖춘 셈이다.

월 천만 원을 벌기 위해
알아야 할 것들

성공한 사람이 되려 하기보다
가치 있는 사람이 되려고 노력하라.
– 알버트 아인슈타인(Albert Einstein)

나에게 코치 받는 수강생이나 직원, 영업자들에게 나는 항상 질문한다.

"한 달에 얼마를 버는 것이 당신의 목표인가요?"

"매월 천만 원을 버는 것이 저의 목표입니다!"

신기할 정도로 모두 다 똑같이 대답한다. 목표는 월 천만 원이다. 대한민국 대부분의 영업자들이 어느샌가 월급 천만 원을 받는 것이 공통적이 목표가 되어 버린 것이다. 뭐 나쁘지 않은 좋은 현상이다. 욕심 많고 욕망이 강한 만큼 더 빨리 성공으로 갈 수 있으니까. 한 달에 200~300만 원 벌자고 이런 힘든 길을 택한 것은 아닐 테니까. 그런데 문제는 매월 천만 원의 급여를 받으려면 자신 스스로가 얼마짜리 가치여야 하는 줄 모른다는 것이다. 이 정도 급여라면 대기업에서 수십 년 동안 일한 고위 임원 수준인데, 나는 과연 내 고객들에게 그만큼 가치 있는 사람으로 보일까?

월 천만 원을 나의 노동 가치가 아닌 현재 돈의 이율로 따질 때, 다시 말해 이자로 매월 천만 원의 수입을 올리려면 얼마의 돈을 예치해놓아야 할까? 은행 금리가 매월 3퍼센트라고 가정했을 때 무려 40억이다. 40억을 은행에 예금해두어야 가능한 액수다. 이렇게 계산하니 월 천만 원이라는 돈의 가치가 실로 대단하게 느껴지지 않는가! 요컨대 당신이 그만큼의 가치를 해야 고객들이 반응하고 그로 인해 당신은 원하는 급여를 받을 수 있는 것이다.

40억의 가치를 위한 세 가지 조건

그럼 어떻게 해야 40억 이상의 가치를 가진 사람이 될 수 있을까?

첫째 당신의 가치를 스스로 부여하자.

영업 세계에 처음 들어왔건 오랜 경력이 있는 베테랑이건 모두 똑같다. 먼저 다른 사람이 아닌 스스로가 자신의 가치를 부여해야 한다. 나는 지금은 액수를 훨씬 더 올렸지만 예전에는 항상 이렇게 생각하고 행동했다.

'언제나 나는 연봉 10억짜리 사람이다.'

비록 처음 경영 컨설팅을 시작했을 때 고속도로 톨비가 없어서 국도로 다니고 유료 주차장인 줄 모르고 주차를 했다가 돈이 없어 결국 친구 녀석에게 돈을 빌려 빠져나오는 등 현실은 너무나 힘들고 비참했지만 한 번도 스스로에게 부여한 가치를 절대 낮추지 않았다. 어디를 가더라고 항상 당당하게 거침없이 행동했다. 덕분에 나는 살면서 사람들에게 '겸손하다'는 얘기를 한 번도 듣지 못했다.

제일 먼저 스스로의 몸값, 즉 가치를 부여해야 내가 정한 가치에 맞는 사람이 될 수 있다. 겸손이라는 이름으로 스스로 가치를 낮추면 아무도 그 가치를 다시 올려주지 않는다. 결국 당신은 남들이 정한 값의 사람이 되어가는 것이다. 아마추어는 타인이 몸값을 정하고 프로는 스스로 몸값을 정한다고 했다. 다른 사람이 나의 가치를 높게 쳐줄 리 없지 않은가? 인생은 원하는 만큼만 준다. 자신의 값을 낮춘 사람에게 세상은 그 이상의 값을 지불하지 않는다. 영업자들은 아마추어 정신을 버리고 철저한 프로가 되어야 한다.

둘째 자신의 가치에 어울리는 행동을 하자.

내가 나에게 충분한 가치를 부여했다면, 지금부터 그에 걸맞게 행동하자. 성공한 사람의 온화한 미소와 여유로움을 갖춰라. 자신의 성공의 크기에 맞는 걸음걸이를 하고 옷을 입고 그에 맞는 화법을 갖추어라. 만약 당신이 연봉 10억을 받고 있다면, 지금처럼 길거리에서 판촉물을 나누어주고 무작정 사탕을 붙인 명함을 뿌리면서 다닐까? 그럴 수 없을 것이다. 도대체 어떤 정신 나간 사람이 연봉 10억을 받는데 길거리에서 명함을 나누어주겠는가. 고객에게 비친 내 모습은 철저히 연봉 10억짜리 성공한 멋진 영업자의 모습이어야 한다. 그러기 위해서는 자신의 가치에 맞는 모습과 행동을 해야 한다.

셋째, 고객에게 당신의 가치를 알려주어라.

'벼는 익을수록 고개를 숙인다.' 교양 있고 수양을 쌓은 사람일수록 겸손하고 남 앞에서 자기를 내세우려 하지 않는다는 것을 비유적으로 이르는 참 좋은 말이다. 겸손은 우리나라에서 절대적으로 요구하는 하나의 큰 미덕이다. 사람은 높이 올라갈수록 겸손해야 그 자리를 지킬 수 있다. 그런데 영업자는 절대 아니다. 우리가 충분히 높은 위치에 올라와 있으면 이런 고민을 하지도 않을 것이다. 벼는 완전히 다 익고 나서 고개를 숙이는 것이다. 요컨대 익기 전까지는 머리를 빳빳이 들고 자라야 한다. 아직 다 익지도 않았는데 고개를 숙이고 있으면 성장하지 못한다. 우리는 아직 완전히 익지 않았다. 지금 당신이 겸손을 위해 내뱉는 말을 고객이나 상대방은 '저 사람 참 겸손하고 괜찮은 사람이구나'라고 생각해주지 않는다. 당신은 그냥 그저 그런 사람인 것이다.

가치 있는 사람이 되려고 노력하라

내가 코칭할 때 꼭 하는 말이 있다.

"겸손할 바에는 오만해져라!"

지금 당신이 하고 있는 것은 겸손이 아니라 그냥 스스로를 비하하고 깎아내리는 것이다. 정말 겸손하고 싶으면 충분히 무르익은 다음에 겸손해라. 아직은 때가 아니다. 높은 콧대로 상대의 기선을 꺾고 당신의 당당함을 보여라. 어떤 경우에도 여유 있는 모습으로 상대를 리드하라. 수많은 마케팅 방법을 통해 상대방에게 '내가 당신을 상대하기에 충분히 가치 있는 사람'이라는 것을 미리 알려라.

이건 내가 처음 영업을 시작했을 때부터 꾸준히 연습하고 실천해온 나만의 방법이다. 지금 이 책을 읽으면서 '이건 나랑 맞지 않는 방법이야. 무슨 말도 안 되는 이야기를 하고 있어'라고 생각할 수도 있다.

하지만 대부분의 사람은 나보다 가치 있고 멋진 성공한 사람, 나에게 도움이 되는 사람과 함께하고 싶지 나보다 못하고 도움이 되지 않을 것 같은 사람과는 가까이 하려 하지 않는다.

지금 당장 일어나서 거울에 비친 당신의 모습을 보라. 과연 나는 얼마짜리 가치를 지닌 사람의 모습인지 말이다.

고객이 당신에게
사지 않는 진짜 이유

지식 정보화 사회에서 세일즈 능력,
즉 무엇인가를 팔 수 있는 능력은
모든 지식 노동자의 두드러진 특징이다.
– 피터 드러커(Peter Drucker)

　예전에 절수형 비데 지역총판 계약을 맺고 대리점을 운영한 적이 있다. 그 당시 나는 내 영업력에 자신이 있었다. 그래서 본사는 작은 소기업이었지만 경쟁력 있는 아이템이라 판단해 시장 조사나 경쟁 업체에 대한 선행 조사 없이 무작정 총판 계약을 진행하고 대리점 사무실을 차렸다.

　한 번 계약으로 많은 실적을 올릴 수 있는 대형 업체 위주로 영업했다. 그러던 중 한 병원에서 긍정적인 반응을 보여 많은 미팅을 진행했다. 그곳에서 성능에 대한 의구심을 표해 자비를 200만 원 넘게 들여 테스트기까지 설치하고 보름 넘게 실험한 결과 만족스러운 성과를 얻었다. 시설 담당자 역시 견적과 성능 모두 만족했다. 결정권자인 대표원장과 진행한 미팅에서도 아주 긍정적인 반응을 보여 계약만을 눈앞에 둔 상황이었다.

계약을 성사시켜 들어올 수입만 생각하면 하루하루가 행복했다. 그런데 다음 주까지 연락을 주기로 한 병원에서 연락이 없어 다시 방문을 했다. 담당자는 병원 일이 바빠 그러니 금방 좋은 소식이 갈 것이라고 이야기했다. '설마 별다른 일이야 있겠어?' 하는 생각에 안심하고 또 한 주를 보냈다. 병원에서는 여전히 연락이 없고 안 되겠다 싶은 마음에 다시 병원을 찾았다.

그런데 시설과로 가기 전 들른 화장실에 타사의 비데가 설치되어 있었다. 설마 하는 마음에 8개 층 화장실을 모두 확인했다. 역시나 모두 비데가 설치되어 있었다. 마른하늘에 날벼락 맞은 기분이 아마 이런 것이지 싶었다. 눈앞이 깜깜하고 온몸의 힘이 쭉 풀렸다. 복도 벤치에 멍하니 앉아 있다가 정신을 가다듬고 시설과 문을 박차고 들어갔다.

"과장님, 지금 화장실에 타사 제품이 설치되어 있던데, 이게 어떻게 된 겁니까?"

"그게 원장님께서 결정하신 거라. 미안하게 됐습니다."

"아니, 이런 경우가 어디 있습니까? 그동안 제가 얼마나 노력했는지 잘 아시지 않습니까!"

"내가 무슨 힘이 있나? 결정권자 마음이지."

"저 이대로는 못갑니다. 원장님 뵙고 가겠습니다."

"억지 부리지 말고 그냥 가세요. 그동안 고생한 건 알겠는데, 우리가 계약한다고 한 적도 없고, 결정이야 우리 좋은 쪽으로 하는 거지. 하루에도 수십 명씩 찾아오는 영업 사원들 신경 쓰면서 어떻게 일합니까."

화가 나서 억지를 부렸지만 그 사람 얘기가 전부 맞는 말이라 특별히 반박할 수도 없었다. 나는 그냥 하루 수십 명씩 찾아오는 영업 사원 중 한 명일 뿐이었고, 그들은 내 사정이야 어찌 되든 전혀 관심 없었다. 나는 100퍼센트 성공 확신에 다른 영업 활동을 게을리한 채 시간과 돈만 낭비한 꼴이 되었다.

예전에는 알지 못했다. 왜 그들에게 판매를 하지 못했을까?

'분명 그쪽 업체에서 불법으로 리베이트를 했을 거야.'

'브랜드 파워에서 밀렸던 거야.'

'그 사람들이 멍청해서 그래.'

갖가지 핑계를 갖다 댔지만 이제는 알고 있다. 그들은 왜 나를 선택하지 않았는지. 그 업체는 내 제품이 마음에 안 들었던 게 아니었다. 그냥 '꼭' 나에게 사야 할 이유가 없었던 것이다. 난생처음 보는 영업 사원이 최고라며 가져온 제품을 사줄 필요도 없고 사고 싶지도 않았던 것이다. 나는 그냥 스쳐가는 영업 사원 중 하나였을 뿐이다. 영업자라면 이런 경우를 수도 없이 많이 겪어봤을 것이다.

세상에 유일무이한 제품은 없다. 셀 수 없이 많은 비슷한 제품들이 존재하고 경쟁자들이 존재한다. 고객들은 나의 제품을 보는 것이 아니라 영업자 그 사람 자체를 보는 것이다. 내가 고객에게 무언가 특별한 가치를 지닌 존재가 되지 못한다면 고객이 나에게 꼭 그 제품을 사야 할 이유가 없어지는 것이다. 그 제품은 이미 온, 오프라인 상에 수많은 경쟁자가 판매하고 있으니 말이다.

고객이 찾아오게 하라

8년 전쯤 있었던 일이다. 나의 어머니는 어린이집을 운영하고 계신데 어린이 통학을 위한 큰 차를 구입하려 하셨다. 마침 구입하려는 차량 브랜드에 내 친한 친구가 딜러로 있었다. 나는 그 기쁜 소식을 친구에게 전해주었다. 녀석은 학창 시절부터 친했던 친구라 어머니와도 잘 알고 있었다. 친구는 차량을 판매하기 위해 매일 어머니의 어린이집으로 가 문안인사를 드리고 청소부터 각종 수리까지 잡일을 도맡아했다. 심지어 자신의 수당까지 모두 뺀 견적서를 가져다드렸다.

나는 친구에게 "뭘 그렇게까지 해? 어차피 너한테 사실 텐데?"했지만 한 달 뒤 어머니는 저 멀리 대구에서 자동차 딜러로 일하는 친척 형에게 차량을 구입했다. 그것도 조금 더 비싼 가격으로 말이다. 나는 화가 나서 어머니께 "어떻게 그럴 수 있냐며" 따졌다. 그러자 어머니는 그래도 가족한테 사는 것이 맞는 거라며 어쩔 수 없었다고 말씀하셨다.

영업자들에게 이런 일은 무수히 많다. 고객은 영업자가 설명하는 그 제품을 꼭 그 사람에게 사야 할 이유가 없는 것이다.

당신도 이러한 일을 꽤 많이 했을 것이다. 설명은 오프라인에서 듣고 온라인으로 구매를 한다든지, 다른 곳에서 열심히 견적을 받아보고는 결국 지인에게 제품을 구매한 경우 말이다.

무슨 수를 써서라도 '꼭' 나에게 구입해야만 하는 이유를 찾아내야만 한다. 당신만의 '특별함'이 존재한다면, 고객은 스스로 찾아와 구매하게 된다. 당신은 더 이상 고객을 찾아다니며 문전박대당하고 무시받으며 고객과 힘겨루기로 에너지를 소비할 필요가 없다. 당신을 찾아오는 고객에게 제품에 대해 궁금했던 것을 설명해주고 그 고객에게 필요하다 생각되는 것을 구입하도록 도와주면 되는 것이다.

처음에는 나도 '그게 말이 쉽지, 그렇게 쉬우면 아무나 다 하게. 내 분야는 그게 어려워' 이렇게 생각한 적이 있었다. 하지만 의심하고 주저하는 순간, 누군가는 그렇게 해서 최고의 영업자로 성공하고 있다. 당신을 믿어라. 성공은 생각한 만큼, 믿는 만큼, 딱 그만큼 이루어지는 것이다. 실제로 영업 현장에서 고객이 스스로 찾아오게 하는 방법은 무궁무진하고 또 생각보다 훨씬 더 쉽고 간단하다.

고객은 최고의 전문가를 원한다

첫 번째는 당신을 그 분야 최고의 전문가로 이미지 메이킹하고, 마케팅을 통해 스스로를 권위 있는 전문가로 만드는 것이다. 전문가는 고객에게 영업을 하지 않는다. 믿음을 갖고 찾아온 고객의 애로 사항을 경청하고 코칭해줄 뿐이다. 중고차 한 대를 사더라도 TV에 나왔던 유명 딜러를 찾아가는 것은 고객이 언제나 최고의 전문가를 원하기 때문이다. 내가 주로 해온 최고의 방법이지만 아직 지식이 부족하고 자신이 없다면 두 번째 방법, 즉 당신이나 제품에 대한 스토리를 생각해보자. 스토리텔링 또한 최고의 마케팅 도구가 된다. 평범한 제품, 개성 없는 영업자는 아무도 원하지 않는다. 회사나 당신이 갖고 있는 재미있는 스토리를 만들어낸다면 그 이야기 하나에 고객의 마음은 열린다.

나는 와인을 즐겨 마시는데, 예전에는 정통 오프너를 가지고 마개를 오픈했다. 조금 불편했지만 그게 와인을 마실 때 당연한 예의고 멋이라 생각하고 그렇게 그 신념(?)을 지켜왔다.

그러던 어느 날 '안나(Anna)'라는 오프너에 담긴 스토리를 듣게 되었다.

'안나'는 바가지 긁는 와이프를 생각하며 만들었다고 한다. 와인 오프너를 돌리면 양쪽 손잡이 부분이 하늘을 향해 올라가 마치 양팔을 들고 항복하는 듯한 모습을 연상케 한다. 그 이야기를 듣고 난 후는 항상 그 오프너만 구입해 사용하며, 사람들과 와인을 마실 때는 그 이야기를 꼭 빼놓지 않고 한다. 와인 오프너에 담긴 스토리 하나가 10년 넘게 구입했던 비싼 오프너를 버리게 만들었다. 10년 넘게 지켜온 한 사람의 신념까지 완전히 바꿔버린 것이다. 스토리의 힘은 이렇게 막강하다.

세 번째는 당신만의 특별한 서비스를 만드는 것이다. 현장에서 가장 쉽고 빠르게 사용할 수 있는 방법이다. 모든 사람에겐 남들보다 조금 더 잘하는 자기만의 재능이 있게 마련이다. 특별한 것이 아니어도 좋고 뛰어나게 잘하지 않아도 된다. 무엇이든 가능하다. 당신이 남들보다 골프를 조금 더 잘 치든, 사진을 잘 찍든, 컴퓨터를 잘하든, 요리를 잘하든 그걸 당신 영업의 최고 무기로 만들어낼 수 있다.

고객에게 특별함을 선물하라

나는 25세 때 120만 원짜리 종신보험을 계약한 적이 있었다. 지금 생각해보면 참 어이없는 일이지만, 그때는 보험이 뭔지 몰랐고 별관심도 없었다. 지인과의 자리에서 만난 설계사 아주머니 한 분이 무슨 음식을 좋아하느냐고 묻기에 별뜻 없이 식혜를 좋아한다고 말했는데, 그분이 며칠 뒤 나의 사업장으로 식혜를 담가서 가지고 오셨다. 낯선 사람을 불편해하는 성격이라 받지 않으려 했지만 이왕 가져온 거 먹어나보라며 억지로 놔두고 갔다. 딱히 특별한 맛은 아니지만 그럭저럭 괜찮은 식혜였다.

그분은 참 영업을 잘했다. 센스 있게도 일회용이 아닌 플라스틱 통에 식혜를 담아왔는데, 빈 통을 가지러 왔을 때 이런저런 이야기를 나누기도 했다. 내가 부모님과 떨어져서 혼자 산다는 것을 알고 나중에는 반찬까지 싸다주셨다. 웬만한 주부라면 누구나 할 수 있는 식혜 하나 반찬 몇 가지에 대한 값으로 그 설계사분은 120만 원짜리 종신 보험 계약을 할 수 있었다.

찾아보면 당신이 갖고 있는 모든 것이 비즈니스 전쟁의 가장 강력한 무기가 될 수 있다. 섣불리 나는 없다고 절대 판단하지 마라. 당신에게 무기가 없는 것이 아니라 아직 찾지 못했고, 그것을 무기로 만들어내는 방법을 모를 뿐이다. 세상에 특별하지 않은 사람은 아무도 없다. 당신만의 특별함으로 가치를 만들어내는 순간 고객들은 당신에게 찾아온다.

당신에게 구입하지 않는 진짜 이유를 찾아내야 사게 만들 수 있다. 의심하고 포기하지 마라. 무슨 일이든 할 수 있다고 믿는 만큼 이루어지는 것이다. 누구도 당신에게 성공의 길을 알려주지 않듯이 누구도 당신의 성공을 막지 않는다.

절대 의심하고 포기하지 마라. 내가 해냈다면 당신도 할 수 있다.

고객을 비즈니스 파트너로 만들면 좋은 이유

직장에서든 비즈니스에서든 가장 중요한 책무는 신뢰를 쌓는 것이다.
그것만큼 최우선 순위에 두어야 할 것은 없다.
- 로버트 에커트(Robert Eckert)

나는 글을 쓰고 있는 지금 이 순간에도 나의 고객들을 진심으로 사랑하고 존경한다. 이건 고객들이 이 책을 볼 것 같아서 하는 말이 아니다. 내가 특별히 착한 마음씨의 소유자라서 하는 말도 아니다.

틀에 박힌 진부한 얘기를 하고 싶지는 않지만 그래도 영업자는 자신의 고객을 언제나 진심으로 사랑하고 존경해야 한다. '또 하나의 가족'이라는 말도 있지 않은가. 만약 자신의 고객을 진심으로 사랑하지 않고 귀찮아하는 영업자가 있다면 당장 영업을 그만두거나 지금부터라도 생각을 바꿔야 한다.

나는 고객이 있었기에 지독한 가난에서 벗어날 수 있었고, 고객이 존재하기에 시간적 여유와 물질적인 풍요를 누리는 1인 기업가로 성공할 수 있었다. 고객이 있기에 작가가 될 수 있었고, 다른 영업자를 코치하며 많은 청중 앞에서 강연할 수 있는 영광을 누리게 되었다. 고객이 없다면 영업자는 존재할 수 없다. 고객은 언제나 영업자에게 또 하나의 가족이자 존경의 대상이고, 최고의 비즈니스 파트너여야 한다. 고객을 최고의 비즈니스 파트너로 만들 수 있다면 당신의 영업은 180도 달라질 것이다.

한 명의 고객이 또 다른 고객을 부른다

2015년 여름 '메르스'로 한창 나라가 떠들썩할 때였다. '메르스'로 인해 사람들은 외출을 자제하고 경기는 점점 침체했다. 사람들은 아파도 병원을 가지 않는 기현상이 벌어졌다. 많은 병원들이 환자가 오지 않아 경영 압박에 시달렸다. 그때 소아과 원장님 한 분이 내게 컨설팅을 의뢰했다. 이 고객은 경영 지도나 지원, 세무 관련 문제보다는 당장 어려워진 경영 상태 개선을 위한 투자금과 현재 사용 중인 대출, 그리고 의료 기기들의 리스를 저금리로 갈아타고 싶어 했다. 언제나 그랬듯 최선을 다해 컨설팅해드렸다. 다행히 정부에서 '메르스'로 피해를 입은 병원들을 지원해주는 각종 정책을 쏟아내 그 정보를 바탕으로 고객의 기대를 101퍼센트 충족시킬 수 있었다.

컨설팅이 끝난 후 고객은 나에게 고맙다며 다른 원장님을 한 분 소개해 주었다. 원래 병원은 나의 주 고객이 아니지만 당시 정부에서 워낙 많은 신규 정책을 펴서 그분과도 역시 성공적인 마무리를 지을 수 있었다. 소개를 받고 일을 순조롭게 잘 마무리했기 때문에 그냥 지나칠 수 없어 어떻게 감사의 표시를 할지 고민했다.

'상품권을 선물해야 하나? 아니야, 그건 너무 장사꾼 같잖아. 그렇다고 접대는 좀 그렇고 뭘 선물해야 하지?'

한참의 고민 끝에 조금 더 오래가고 기억에 남을 만한 정장을 한 벌 맞춰드리기로 결정했다. 고객과 약속을 잡고 퇴근 시간에 맞춰 평소 내가 자주 가는 단골 가게에서 옷을 한 벌 맞춰드렸다. 마침 패션에 관심이 많은 분이라 매우 만족해하셨다.

"내가 이런 선물은 살면서 처음 받아보네. 고마워, 안 팀장. 답례로 내가 술 한잔 살게!"

"괜찮습니다. 피곤하실 텐데 술은 다음에 하시죠."

"무슨 소리야. 이런 날 한잔 먹고 들어가야지. 좋은 옷도 한 벌 선물 받았는데, 내가 어떻게 그냥 지나치나. 간단하게 한잔만 먹고 가자고."

고객과 함께 식사나 술자리를 하는 것이 불편해서 항상 거절해왔지만 워낙 완강하게 청하는 바람에 반 강제로 자리를 함께하게 되었다. 그 원장은 태어나서 처음으로 맞춤 정장을 입는 것이라며 아이처럼 좋아하셨다. 그리고 나에게 말했다.

"내가 소개해주는 게 안 팀장한테 도움이 되면 아는 원장들 많은데 소개 좀 해줄까?"

"그럼요. 저야 소개해주시면 너무 감사하죠."

말은 그렇게 했지만 워낙 고객들이 인사치레로 많이 하는 얘기인지라 별 기대는 하지 않았다. 그런데 원장님이 그 자리에서 어디론가 전화를 걸었다.

"친구야, 내가 이번에 병원 컨설팅을 받았는데 효과가 장난 아니야. 컨설팅해주신 분한테 네 전화번호 드릴 테니까 꼭 한번 상담받아봐. 알았지? 꼭이다."

그렇게 4명의 병원장을 소개해주었다. 다음 날부터 나는 소개해주신 고객들을 찾아가 상담했고 한 분을 제외한 나머지 3분과 계약을 맺었다. 아마 로또를 맞았다면 이런 기분이었을 것이다. 정말 꿈만 같은 일이었다. 한 명의 고객으로 인해 3명의 VIP 고객이 갑자기 더 생겨난 것이다. 물론 나는 계약을 맺을 때마다 소개해주신 고객에게 감사의 선물을 전달했다.

고객은 최고의 파트너다

이 사례에 대해 당신은 어떻게 생각하는가? 고객이 내가 해준 컨설팅이나 선물에 엄청난 감동을 받아서 나의 '키맨'이 되어주었다고 생각하는가? 아니면 원래 자랑하기를 좋아하는 분이라서 운 좋게?

정말 이 고객이 나의 컨설팅이나 선물에 감동을 받아서 그랬을 수도 있지만 모든 고객에겐 자기 스스로 한 계약에 대해 '최고'의 선택이었다고 믿고 싶은 심리가 존재한다. 이분의 경우는 거기에 약간의 감동이 더해져 스스로 나의 '키맨'이 되어준 것이라고 생각한다.

이 한 명의 고객이 나의 '키맨'이 됨으로써 나는 생애 최고의 영업 성과를 올릴 수 있었다. 네 분의 고객이 나와 맺은 계약은 1000만 원이 조금 넘었다. 아직까지도 깨지 못하고 있는 나의 최고 기록이다. 그때 '키맨'이 되어주셨던 그 병원장님은 현재 나의 최고 '멘토'이자 '비즈니스 파트너'다.

나는 고객의 소개로 맺은 계약은 '운'이고 '보너스'라고 생각하기 때문에 소개해준 고객에게 감사의 선물을 화끈하게 하는 편이다. 원래 내 것이 아닌 보너스라고 생각하기 때문에 돈에 크게 구애받지 않고 할 수 있다. 그리고 선물을 받은 고객은 꼭 또 다른 고객을 소개해준다.

당신은 소개해준 고객에게 감사의 표시를 제대로 하고 있는가? 혹시 '내가 고객에게 잘해줬으니까 당연한 거야'라고 생각하거나 "소개해주셔서 정말 감사합니다"라는 말로 그냥 지나치고 있진 않은가? 아니면 어정쩡하게 주느니 못한 선물을 하고 있진 않은가?

자동차 딜러를 하는 친구에게 나는 3명의 고객을 소개해주었고, 모두 그 친구에게 차량을 구매했다. 판매할 때마다 친구는 나에게 전화를 걸어 말했다.

"규호야, 진짜 고맙다. 내가 술 한잔 살게."

하지만 말만 그렇게 했지 한 번도 나를 직접 찾아오거나 감사 표시를 한 적이 없다. 나도 처음에는 '친한 친구니까 돕는 거지', '서로 바쁘니까 그럴 수 있지' 하며 별말 하지 않았는데, 어느 순간부터 다른 사람들에게 더 이상 그 친구를 소개해주지 않고 있었다.

나도 모르게 서운함이 쌓여 주변에 차를 산다는 사람이 있어도 그냥 지나쳐버린 것이다. 친한 친구에게도 이런데 생판 모르는 남이라면 과연 어떨까? 감사의 표시가 없다면 아마도 다시는 그 영업자를 소개해주지 않을 것이다.

고객을 당신의 비즈니스 파트너로 만드는 것은 매우 어려운 일이지만 만약 그렇게 할 수 있다면 당신이 최고의 영업자로 올라서는 것은 시간 문제다. 그리고 고객을 파트너로 만들기 위해서는 후하게 베풀고 당신의 마음을 전달할 수 있는 선물을 준비해야 한다. 어정쩡한 선물이 아닌 고객이 정말 감동받을 수 있는 감사의 표시를 전해라. 영업자는 고객에게 베푼 만큼 돌려받고 고객은 잘 베푸는 영업자를 기억한다.

열심히 일하는데 돈은 못 버는 이유

당신이 올라갈 때 사람들에게 잘해주세요.
당신이 내려올 때에는 곧 그들을 다시 만나야 할 테니까요.
– 우드로 윌슨(Woodrow Wilson)

SBS 〈생활의 달인〉은 내가 즐겨 보는 프로그램이다. 자신의 일에 최선을 다해 달인의 경지에 오른 평범한 사람들을 소개하는 프로그램이라 볼 때마다 '와~ 어떻게 저럴 수가 있지. 정말 대단하다'는 탄성이 절로 나온다.

자기 분야의 최고수가 된 사람들이 나오지만 영업자의 시선으로 볼 때는 그들이 한 노력에 비해 수입이라는 결과물이 너무 부족해 안타까울 때가 많다. 이 프로그램에서 가장 기억에 남는 사연 하나를 소개한다.

열심히가 아니라 잘해야 한다

'샤프심 부업의 달인'으로 소개된 한 중년 여성이 그 주인공이다. 남편

없이 혼자서 2명의 자식을 키워야 했던 그분은 어린 아이들만 집에 두고 일을 나갈 수 없어 집에서 할 수 있는 부업을 선택했다. 조금이라도 많은 돈을 벌기 위해 밤낮없이 열심히 부업을 했다. 아이들이 크자 부업을 전문으로 하는 작은 가게를 열었다. 보통 사람들은 잡기도 힘든 얇은 샤프심을 손끝의 감각만으로 정확히 15개를 고른 다음 순식간에 샤프심 통에 집어넣는 모습은 볼수록 신기했다.

'대체 얼마나 저 일을 오랫동안 했기에 저런 경지에 오를 수 있었을까!'

돈을 아끼기 위해 한겨울에도 난방을 하지 않으면서 기침을 하는 달인에게 취재진이 물었다.

"감기 심하신 거 같은데 병원 안 가세요?"

"약국에서 약 사 먹었어요. 병원 가면 약국에서 약 사는 것보다 돈이 더 들잖아요. 애들 가르쳐야 해요. 대학교까지는 가르쳐야죠."

그분은 오직 아이들과 행복하게 살겠다는 일념 하나로 10년 동안 하루도 빠짐없이 부업을 했다. 촬영이 끝날 때쯤 그분의 어린 자식들이 엄마를 보고 짜증 내는 모습에 나도 모르게 눈물이 흘렀다. 나 역시 예전에 새벽같이 일어나 그날 팔 '샌드위치'를 만드는 어머니에게 수도 없이 화를 냈기 때문이다. 어머니의 고생하는 모습이 마음 아프고 아무것도 할 수 없는 나에게 화가 났다. 그날 하루 19시간을 일해 그분이 번 돈은 고작 4만 원. 세상 누구보다 열심히 일했지만 가난은 그의 곁을 한시도 떠나지 않았다.

다음 날 회사에 출근한 나는 직원들을 모아놓고 어제 보았던 사연을 이야기해주며 이렇게 말했다.

"이렇게 묵묵히 자기 일을 열심히 하는 사람들이 돈 걱정 안 하고 살 수 있는 좋은 세상이 와야 한다. 하지만 지금 우리의 현실은 아니다. 열심히만 일해서는 절대 돈을 벌 수 없다. 돈 버는 방법을 알고 일해야 한다. 나는 그분보다 열심히 일하지 않지만 방법을 알기 때문에 훨씬 더 많은 돈을 번다. 중요한 건 열심히 하는 것이 아니라 얼마나 잘하느냐는 것이다. 이미 방법은 다 알려줬으니 열심히 했다는 핑계 대지 말고 성과로 보여줘라."

누구보다 열심히 일하는 사람들의 성과가 좋지 않을 때 제일 안타깝다. 그런데 세상은 희한하게도 우직하게 열심히 일하는 사람들이 좋은 성과를 내지 못한다. 열심히 하지 않더라도 영리하게 일하는 사람들이 좋은 결과를 얻는다. 당신이 정말 자신의 꿈과 목표를 위해 이루고 싶다면 열심히 하지 말고 더 '스마트'하게 일해야 한다.

내가 전형적으로 다른 사람들이 볼 때 열심히 일하지 않는 게으른 타입이다. 나 스스로는 밤낮없이 열심히 일한다고 생각하는데 아무도 인정해주질 않는다. 심지어 나의 가족이나 직원들조차 나에게 '열정적'이라고 하지 '열심히' 한다고는 하지 않는다. 아마도 너무 자유롭게 일을 해서 그런 것 같다. 그런데 나는 영업자가 정말 일하기 싫고 쉬고 싶은 날 회사에 나와 컴퓨터 앞에 죽 치고 앉아 있는 것은 자기 자신한테 너무 큰 마이너스라고 생각한다. 차라리 그 시간에 집에서 쉬든지 여행을 가든지 해서 몸과 마음을 재충전하는 것이 영업자 스스로를 위한 길이라고 생각한다. 그래서 나는 일주일에 3~4일만 출근을 한다. 한 1년 정도 술을 거의 입에 대지 않았기 때문에 예전처럼 유흥에 취해서 그러는 것이 아니라 날 위한 나만의 시간을 보내기 위해서다.

출근하지 않는 날에는 바람도 쐬러 가고 조용한 동네 커피숍에 앉아서 책도 읽고 공부도 하고 원고도 쓴다. 물론 스케줄이 있는 날은 이렇게 할 수 없다. 그래도 일주일에 하루 정도는 꼭 빼서 최대한 날 위한 시간을 보내려고 한다. 영업자나 1인 기업가는 모두 자신이 곧 수익을 창출해내는 본질이기 때문에 자신을 위한 충전의 시간이 많아야 한다. 일할 때 확실하게 일하고 쉴 때 확실하게 쉬는 영업자가 되어라. 회사 눈치 보며 억지로 나가 시간을 때우는 것은 당신만 손해 보는 일이다.

스마트한 방법으로 접근해라

한 번은 이런 적이 있었다. 작년 11월에 나는 너무 지쳐버렸다. 1월부터 11월까지 컨설팅에 원고에 교육까지 정신없이 바빠 휴가 한 번 가지 못했다. 아무리 타고난 열정으로 밀고 나간다지만 좀 쉬고 싶었다. 그래서 직원들에게 말했다.

"나 힘들어서 안 되겠어. 내일부터 보름 동안 쉴 거야. 그러니까 나 찾지 말고 일하고 싶은 사람은 나와서 일하고, 쉬고 싶은 사람은 집에서 쉬어."

"대표님, 그게 무슨 말씀이세요. 안 됩니다."

"이제 나 없어도 충분히 할 수 있어. 걱정 마. 그리고 무슨 일 있으면 전화해."

직원들의 반대에도 불구하고 무작정 비행기 티켓을 끊은 나는 3일 뒤 동남아로 여행을 떠났다. 그리고 생각했다.

'음~ 이런 게 사람 사는 맛이지.'

당신은 내가 무책임하고 제멋대로라고 생각하는가? 나는 나의 삶을 위해 자유로운 1인 기업을 택했고, 나뿐만 아니라 직원들 역시 누구보다 좋은 성과를 내도록 만들어주었다. 우리 사회는 언제부턴가 무조건 열심히 한다는 고정관념에 사로잡혀 있는 것 같다. 하지만 중요한 것은 결과이고, 무엇보다 영업자는 직장인이 아니다.

빌 게이츠는 이렇게 말했다.

"나는 힘든 일이 있으면 게으른 사람에게 시킨다. 그들은 일을 간단하게 할 수 있는 방법을 찾기 때문이다. 게으른 사람은 부지런히 움직이진 않지만 쉽고 편하고 빠른 방식을 찾아내기 위해 누구보다 열심히 머리를 굴린다. 그리고 결국 최대한 합리적인 방식으로 원하는 결과를 얻어낸다."

나는 이 말을 그동안 나를 게으르다고 말한 사람 모두에게 꼭 들려주고 싶다. 세상이 바뀌었다. 열심히 일해서 성공할 수 있는 세상은 끝났다. 이제부터 '열심히'라는 고정관념은 던져버리고, 더 스마트하게 더 좋은 성과를 낼 수 있는 방법을 생각해라.

작은 일이라도 완료하는
습관을 만들어라

성공한 사람은 실패한 사람이
좋아하지 않는 일을 하는
습관이 있는 사람이다.
- 토머스 에디슨(Thomas Edison)

지금은 이런저런 업무에 쫓겨 안 친 지 꽤 오래됐지만 나는 당구를 사랑하는 '당구 마니아'다. 아마도 나만큼 당구장에서 많은 시간을 보낸 사람도 흔치 않을 것이다. 어렸을 때부터 지금까지 아버지가 당구장을 운영하고 계시기 때문에 아버지를 뵈려면 당구장으로 가야 했다. 자연스럽게 그곳에서 당구를 치며 많은 시간을 보내게 되었다.

당구장에서 붙어 살다 보니 많은 고수와 게임을 하거나 고수들의 경기를 많이 구경할 수 있었다. 학창 시절 나의 당구 수지는 100이고 목표는 200이었다. 그런데 아무리 고수들에게 레슨을 받고 연습을 해도 한 번에 100에서 200으로 뛸 수는 없었다. 100에서 120, 150, 200 순차적으로 단계를 거치면서 목표에 도달할 수 있었다. 당구를 치는 사람이라면 어느 정도 알고 있을 것이다. 수지가 100인 사람이 200으로 한 번에 올라갈 수는 없다는 것을 말이다. 조금씩 단계를 밟으며 올라가다 보면 언젠가는 내가 원하는 위치까지 오를 수 있다.

영업도 마찬가지라고 생각한다. 단계가 있어야 목표에 이를 수 있다. 목표는 최대한 크게 잡고 그 목표를 이루기까지의 계획을 단계별로 나누어야 한다. 커다란 성공도 결국에는 작은 성공이 모여 이뤄내는 것이다.

목표를 정해놓고 이루는 것도 습관이다

나는 다시 영업을 시작했을 때 '운'이 좋았다. 처음 영업을 정석대로 잘 배운 덕에 다른 영업자들보다 빨리 월수입 1000만 원의 목표를 이룰 수 있었다. 하지만 이때부터 몇 개월간 정체기가 시작되었다.

'다음 목표는 2000만 원이야.'

호기롭게 목표를 세웠지만 계속해서 목표 달성에 실패했다. 몇 개월간의 침체기에 오히려 수입이 떨어지는 달도 생겨 슬럼프에 빠질 것 같았다.

'이대로는 안 되겠다.'

위기의식을 느꼈다. 다시 초심으로 돌아가기 위해 한동안 다니지 않던 강연을 다시 찾아다니고, 비즈니스 관련 서적도 읽으며 공부했다. 그리고 처음 배웠던 대로 다시 목표를 쪼갰다. 목표를 낮추고 그에 맞게 영업 계획도 다시 조정했다. 이어 목표를 달성할 때마다 아주 조금씩 목표를 높여 잡고 또 그에 맞게 계획을 다시 조정했다.

그리고 월수입 2000만 원이라는 목표를 이루기까지 7개월이 걸렸다. 만약 내가 계속해서 이루지 못할 목표를 고집했다면 목표는 달성하지 못한 채 슬럼프에 빠져버렸을 게 분명하다.

목표를 정해놓고 이루는 것도 습관이다. 한 번 자신이 정한 목표를 이룬 사람은 꾸준히 그 습관을 유지하고, 실패하더라도 포기하지 않고 원인을 분석해 다시 도전한다. 그리고 무리한 목표를 잡지 않는다. 커다란 목표 안에 단계별 목표를 나누어 하나씩 이루어간다. 하지만 포기에 익숙한 사람들은 원대한 목표를 잡아놓고 몇 번 해보다가 안 되면 그냥 포기해버리고 만다.

우리는 일찍부터 이런 포기에 익숙해 있다. 어린 시절 방학 때만 되면 지키지 못할 빡빡한 생활계획표를 세워놓고는 결국 하루 이틀 지키다 그냥 포기해버린다. 나중에는 어떤 계획을 세웠는지조차 잊어버리고 만다. 방학 때 혼자서 하는 생활계획표도 지키기 힘든데, 여러 사람과 치열하게 싸우는 영업 세계에서는 어떻겠는가?

성공도 연습이 필요하다

'그릿(GRIT) 점수'라는 연구 결과가 있다. '그릿'이란 심리학에서 한계에 다다랐을 때 끝까지 밀어붙이는 집념이나 목표 지향성을 표현하는 단어다. 책《GRIT》을 펴낸 펜실베이니아 대학교의 심리학 교수 앤절라 더크워스는 한 강연에서 이렇게 말했다.

"작은 일이라도 완료하는 습관을 만들어라. 먼저 아주 작은 계획을 정리해라. 거창할 필요 없다. 오히려 지킬 수 있을 만큼 아주 작은 계획이어야 한다. 대신 정한 계획은 무조건 끝까지 완료해야만 한다. 이렇게 완료하는 습관을 기르고 나면 사람들은 힘든 순간 포기하기보단 한발 더 내딛길 선택한다. 끝까지 해냈을 때 느끼는 성취감이 지금 드는 힘보다 훨씬 더 크다는 것을 알게 됐기 때문이다. 실제로 어떤 일을 포기할 때 재능의 한계에 부딪히기보다 스스로 한계를 정해버리고 포기하는 경우가 대부분이다."

어떤 위대한 성공도 한 번에 이루어지지는 않는다. 커다랗고 원대한 목표 안에 또 다른 작은 목표들을 만들어놓고 그에 맞는 계획과 방법을 세우자. 그래야 포기하지 않는다. 세상에 어떤 천재도 연습 없이는 아무것도 이루지 못한다. 그러니 천재가 아닌 당신은 성공에 대해 얼마나 많은 연습을 해야겠는가. 지금부터는 당신이 이룰 위대한 성공을 위해 작은 성공을 연습하자.

내가 변하면
세상이 바뀐다

새로운 삶은
하루아침에 시작되지 않는다.
영원한 것은 오로지 변화뿐이다.
- 헤라클레이토스(Heraclitus)

내가 제일 좋아하는 친구이자 누구보다 열심히 일하는 열혈 영업맨이 한 명 있다. 힘들고 지칠 때 이 녀석을 찾아가면 언제나 내 이야기에 귀를 기울이고 함께 공감하며 웃고 울어준다.

"이번에 새로 시작하는 일이 있는데 생각처럼 잘 안 풀려서 조금 힘드네. 어떻게 해야 할지 모르겠어!"

"힘들면 충분히 쉬었다가 다시 시작해. 너는 어떤 일도 할 수 있는 사람이잖아. 절대 포기하지 마. 너는 누구보다 뛰어나고 성공할 수 있는 사람이야. 걱정하지 말고 네가 생각한 대로 끝까지 한 번 해봐. 나는 너를 굳게 믿는다."

"고맙다, 친구야."

항상 이 친구는 내 이야기를 묵묵히 들어주고 '그래, 나는 할 수 있다'는 용기와 꺼졌던 열정을 다시 타오를 수 있게 만들어준다.

내가 실패와 절망 속에서 허우적거릴 때 나를 끝까지 믿고 응원해준 이 친구가 없었다면 다시 일어나지 못했을 수도 있다. 그런데 모든 사람에게 용기와 희망을 주고 무한 긍정의 힘을 샘 솟게 하는 이 친구는 유독 자기 자신에게 매우 부정적이다.

"규호야, 나는 왜 이렇게 재수가 없지. 나는 아무것도 할 수 없는 사람인가 봐. 내가 하는 일이 그렇지 뭐. 세상은 나를 도와주지 않아. 사람들은 왜 이렇게 나를 힘들게 하지."

남들에게는 무한한 긍정의 힘을 주면서 자기 자신에게는 밑도 끝도 없이 비관적이고 부정적인 말과 생각들만 쏟아낸다. 너무 가혹할 정도로 자신을 비하하고 세상을 원망한다. 원래 보통 사람들은 남들에게 엄격하고 자신한테 관대한데, 이 친구는 완전히 정반대다. 그것도 아주 극과 극으로 말이다. 비관과 부정으로 가득 차 있으니 하는 일도 수월하게 잘 풀리지 않는다. 부정적인 에너지로 가득 찬 사람에게는 어떠한 행복도 오지 않는 법이니 말이다. 나는 친구에게 항상 얘기해준다.

"다른 사람들에게는 무한 긍정인 사람이 왜 스스로한테는 그렇게 부정적이고 절망적이냐. 네가 바뀌어야 세상이 바뀐다. 다른 사람과 세상을 탓하지 말고 일단 너 자신의 생각부터 바꿔보자."

"모르겠다. 나도 내가 왜 이러는지. 내가 이렇게 태어난 걸 어떡해. 노력해볼게."

하지만 대답만 할 뿐 쉽게 변하지 않는다. 그 친구는 아직도 스스로를 비관하며 절망 속으로 계속 끌어내리고 있다.

영업자뿐 아니라 세상 모든 사람의 인생을 결정짓는 우주 제1의 법칙은 바로 '원인과 결과'의 법칙이다. 지금 당신에게 일어나고 있는 모든 일의 원인은 결국 당신이 만들어낸 것이다. 그 사실을 인지하고 스스로를 고쳐 나가야 세상이 바뀌고 당신의 인생이 바뀌는 것이다.

지금 당신에게 처한 현실의 원인은 당신이다. 변명하지도 말고 도망치지도 마라. 쿨하게 있는 그대로 인정하고 받아들여라. 그리고 절대 자신을 자책하거나 비관하지 마라. 모든 일의 원인을 찾아냈으니 앞으로 조금씩 해결해나가면 그만일 뿐이다. 근본 해결책을 찾지 않는 무한 자책과 비관은 스스로를 더 절망으로 끌고 갈 뿐 당신 인생에 아무런 도움도 되지 않는다. 항상 '나는 최고다'라는 생각을 머릿속에 깊숙이 박아놓아라. 최고가 일을 해야 최고의 결과를 만들지 않겠는가.

결과에는 반드시 원인이 있다

'장훈'이라는 야구 선수를 알고 있는가? 1960년부터 1980년까지 오랜 역사를 자랑하는 일본 프로 야구계에서 통상 안타 3085개라는 신기록을 세운 최고의 야구 선수다. 하지만 그는 일본의 국가대표가 될 수 없었다. 그의 국적이 바로 한국이었기 때문이다.

일본에서는 그에게 귀화할 것을 강력히 요구했다. 하지만 그때마다 장훈은 이렇게 답했다.

"나는 한국 사람입니다."

귀화를 거절한 장훈 선수의 사연이 일본 전역에 알려졌고, 그가 출전하자 관중의 야유와 욕설이 경기장을 뒤덮었다. 혼란 속에 시합은 중지되고, 그는 벤치로 돌아갔다. 한참 시간이 흐른 뒤 다시 경기장으로 들어선 그는 관중을 향해 이렇게 소리쳤다.

"그래, 나 조선 놈이다."

그는 배트를 잡고 타석에 섰다. 적막한 분위기 속에서 경기는 속개되었다. 장훈은 투수가 던진 공을 힘껏 받아쳤고, 그 공은 장외 홈런이 되어버렸다. 이날 이후로 장훈이 타석에 들어서도 사람들은 더 이상 야유하지 않았다.

장훈 선수는 일본 사람들이 쏟아내는 욕설과 야유 속에서도 흔들리지 않고 꿋꿋이 버텼다. 그리고 장외 홈런이라는 엄청난 결과로 일본 사람들의 콧대를 꺾어버렸다. 만약 장훈 선수가 일본 사람들의 반응에 '뭐야 저 미친놈들은! 집중할 수가 없잖아. 짜증나. 그냥 경기 포기하고 다 때려치자' 이렇게 생각하고 경기장에 들어섰다면 과연 장외 홈런을 만들어낼 수 있었을까?

그리고 장외 홈런이라는 성공적인 결과를 얻지 못하고 삼진 아웃이 되었더라도 '저건 다 내 정신을 흩뜨려놓은 일본 사람들 때문이야. 내가 잘못한 게 아니야'라며 핑계를 댔을까. 아마 그러지 않았을 것이다. 삼진 아웃을 당했더라도 '내가 제대로 집중하지 못한 거야. 내 잘못이다. 다음에는 어떤 일이 있더라도 집중해서 꼭 홈런을 만들겠어!' 이렇게 생각했을 것이라 믿는다.

당신이 장훈 선수였다면 그런 식으로 대담하고 배짱 있게 행동할 수 있었을까? 나였다면 그렇게 하지 못했을 것 같다.

장훈 선수는 현실을 누구보다 쿨하고 멋지게 있는 그대로 받아들이고 스스로 극복해낸 것이다. 모든 결과를 만들어내는 것은 당신 자신뿐이다. 주변의 환경이나 고객, 동료, 상사, 친구, 부모 등이 중요한 영향을 끼칠 수는 있지만 그것을 어떻게 받아들이고 행동하느냐는 결국 당신 자신의 몫이다.

당신의 인생이 뜻대로 풀리지 않고 있다면 문제점을 찾아보자. 그리고 그 문제점에 맞춰 해결책을 만들어가자. 절망하고 포기하는 것이 아니라 희망 차고 긍정적인 생각을 가지고 조금씩 모든 일을 해결하며 당신이 꿈꾸고 그리는 미래의 당신 모습으로 다가가자. 어떤 핑계도 대지 말자. 세상 모든 것은 당신 손에 달려 있고, 오늘의 현실은 어제의 당신 생각이 만들어낸 결과물일 뿐이다.

첫 영업 3년이
영업 인생을 결정한다

작은 변화가 일어날 때
진정한 삶을 살게 된다.
– 톨스토이(Tolstoy)

나는 지금도 현장에서 열심히 영업하고 있고, 그 속에서 많은 희로애락을 느끼는 당신과 똑같은 영업맨이다. 다만 차이점이 하나 있다면 아마도 내 수입이 조금 더 좋다는 것뿐이다. 같은 영업의 세계에서 살고 있지만 누군가에게 영업은 너무 힘들고 짜증나지만 먹고살기 위해 어쩔 수 없이 하는 일이고, 다른 누군가에는 그 사람을 부자로 만들어주고 영광스러운 자리에 있을 수 있게 만들어준 세상에서 가장 즐겁고 감사한 일인 것이다. 내 책을 읽는 사람이라면 현재 영업을 하고 있거나 앞으로 영업을 하려는 사람일 것이다. 당신에게 영업은 어떤 일이 되길 바라는가! 모두가 후자를 택할 것이라 생각한다.

많은 사람이 영업은 힘든 일이라고 말하며 영업하기를 두려워한다. 하지만 그건 영업에서 실패한 많은 사람의 잘못된 이야기를 접하고, 영업을 제대로 배우지 못해서 그런 것뿐이다. 처음부터 제대로 된 방법을 배운다면 영업이 힘들다는 이야기는 쉽게 하지 못할 것이다.

처음부터 기초만 제대로 배워놓는다면 어떤 영업을 하건 그 분야에서 성공할 수 있다. 그리고 세상에 스펙 없고 학력 딸리는 사람에게 주 5일제에 연봉 1억 원 이상을 주는 직업이 영업 말고 또 있을까? 게다가 밖에서 활동하는 경우가 많기 때문에 회사의 간섭도 많이 받지 않고 자유롭게 시간을 사용할 수 있다. 이만하면 세상에서 제일가는 직업이라고 말할 수 있지 않겠는가! 당신은 지금 세상에서 가장 편하게 일하면서 많은 돈을 벌 수 있는 최고의 직장에서 근무하고 있는 것이다.

세상에 쉬운 일은 없다

예전에는 영업하면서 가끔 낮술 먹는 것이 최고의 행복이었는데, 지금은 코치에 강연에 작가 활동까지 워낙 바쁜 스케줄 때문에 낮술 먹는 재미가 없어져 아쉬울 때가 많다.

3년 전 장맛비가 한참 쏟아지는 덥고 습한 여름이었다. 비도 오고 기분도 꿀꿀해서 영업하는 친구 2명을 불러 점심에 매운탕을 먹으러 갔다. 내가 친구들에게 말했다.

"우리 비도 오는데 소주나 한잔씩 하자."

"안 돼. 일하는데 무슨 술이야. 술 먹고 회사 들어가면 죽어."

"혼자 돈 다 벌어? 그냥 한잔해. 이따 술 깨고 들어가면 되지."

"에이, 알았어. 그럼 한잔만이다."

이렇게 시작한 낮술은 계속되는 건배와 이야기로 끝날 줄 몰랐다. 그동안 서로 못했던 이야기도 하고 옛날 추억 이야기, 지금 각자가 하고 있는 일 이야기로 웃고 떠들었다. 테이블에 술병 한 병 두 병 계속 쌓이기 시작하자 한 친구가 말했다.

"나 이대로 회사 들어가면 큰일 나. 술도 깰 겸 당구나 한 게임 치자."

"콜, 근데 내기 없으면 무슨 재미로 당구를 쳐?"

"그럼 지는 사람이 술 사기 하자."

술을 깨기 위해 들어간 당구장에서 다시 술 내기가 시작됐다. 진 사람이 술을 사고 다시 술을 깨자며 탁구장으로 갔다. 그리고 탁구 쳐서 또 술 내기 하며 정말 시간 가는 줄 모르고 신나게 놀았다. 정신을 차려보니 퇴근 시간이 다 되었다. 3명 모두 회사에 전화를 걸었다.

"고객이랑 미팅이 있어서 못 들어갈 것 같습니다. 미팅 끝나고 바로 집으로 퇴근하겠습니다."

낮 11시에 만난 우리는 결국 밤 12시가 되어서야 만취한 채로 집으로 귀가했다. 만약 일반 직장인이었다면 이런 일이 가당키나 하겠는가? 이런 자유는 영업자들에게 가끔 주어지는 특권이라고 생각한다. 또 멀리 사는 고객을 만나러 갈 때는 타 지역 구경도 하고 맛있는 것도 먹고 얼마나 즐거운 일이 많은가. 게다가 자신의 능력만큼 일반 직장인들은 꿈도 못 꾸는 연봉을 벌 수도 있다. '영업은 힘들다, 힘들다' 하면 계속 더 힘들어진다. 그 안에서 행복을 찾고 성공을 향해 계속 전진해야 한다.

세상에 쉬운 일이 어디 있겠는가? 쉽고 편하게 돈 많이 벌 수 있는 일이 있다면 나에게 꼭 알려주길 바란다.

당신을 함부로 평가하지 마라

실패와 절망 속에서 빚쟁이가 되어 모든 걸 포기하려 했던 나도 영업으로 결국 모든 것을 이겨내고 영광스러운 순간을 맞이할 수 있었다. 내가 만약 성공이라는 꿈을 버리고 평범하게 작은 회사에 취직해 월급 300만 원 받는 직장인을 택했다면 지금까지 수억 원의 빚을 모두 갚지 못했을 것이다. 내가 살면서 가장 행복했던 순간이 아들 녀석과 단칸방에서 살다가 크고 좋은 아파트로 이사해 아들의 장난감 방을 만들어주었을 때다. 예전에는 장난감 하나도 사주지 못해 눈물을 흘렸지만 아들이 넓은 집에서 장난감을 갖고 노는 모습을 보면 세상 이보다 더 행복한 일이 없다. 천국이란 것이 존재한다면 나에게는 바로 이 순간일 것 같다.

아무런 스펙도 학력도 갖지 못한 나도 1퍼센트의 영업자로 성공할 수 있었다. 내가 해냈다면 당신 역시 해낼 수 있다. 방법을 알고 하다 보면 결국 별것 아니다. 지금 당신의 영업이 조금 안 된다고 해서 의기소침할 필요 없다. 자신감을 가지고 당당하게 앞으로 나아가라. 당신이 간절하게 원하고 상상하는 모습 그대로 이루어질 것이다. 단 작심삼일을 경계해야 하듯 영업에서는 첫 3년이 중요하다는 것을 명심해야 한다. 3년 동안 미친듯이 열심히 일해보아라. 이 3년이 당신의 인생을 좌우한다는 사실을 알게 될 것이다.

나의 독자가 되어준 당신의 삶에 최고의 행복과 성공만이 가득하기를 간절히 기도하며 나의 연락처를 선물하겠다. 영업을 하면서 지치거나 힘든 일이 있을 때는 연락하라. 010-3184-2025. 나의 개인 전화번호다. 언제든지 연락하라. 내가 알고 있는 노하우를 모두 알려줄 테니 말이다.

지금 모습을 가지고 당신의 가치를 평가하지 마라. 당신의 무한한 가치와 잠재력을 믿고 당신이 꿈꾸고 원하는 미래의 모습을 향해 앞으로 나아가라. 당신은 이 세상 그 누구보다 최고의 영업자가 될 수 있고, 최고의 성공을 거둘 수 있는 사람이다. 세상은 언제나 당신의 성공을 기다리고 있다.

착한 영업은 없다

기다리지 말라.
적절한 때는 결코 오지 않을 것이다.
- 나폴레온 힐(Napoleon Hill)

내 밑으로 신입 직원이 들어왔을 때 이야기다. 나이는 나와 동갑이고 키는 조금 작았지만 배우 유아인을 닮은 잘생긴 외모의 직원이었다. 나는 3팀이었고 그 친구는 2팀으로 배정을 받았다. 같은 팀원은 아니지만 동갑에 첫 후임이었기 때문에 각별히 신경을 써줘서 그런지 금방 친해질 수 있었다. 정말 마음씨가 착한 데다 누구보다 열정적으로 일했다. 우리 둘은 선후배 사이였지만 금방 친구가 되었다. 회사에서 우리를 부르는 별명은 '개미와 베짱이'였다. 정말 기가 막히게 잘 지은 별명이었다.

나는 막내였음에도 항상 내 의견을 강하게 주장했고, 회사 스케줄이 아닌 내 영업 스케줄을 최우선으로 일했다. 그러다 보니 선배 중에는 너무 건방지다고 욕하는 사람도 많았지만 실적은 언제나 1등이었기 때문에 특별히 터치할 수도 없는 아주 얄미운 존재였다. 그 친구는 나와 정반대였다. 정말 쉬지 않고 개미처럼 끝없이 일했다. 옆에서 일하는 모습을 보고 있으면 하루 24시간이 부족한 것 같았다. 영업 활동에 회사 업무, 개인 공부, 그리고 고객의 요구 사항까지 모두 성실히 이행했다.

"장 대리, 그렇게 일하면 안 힘들어? 고객이 부탁하는 거 다 들어주면 우리는 일 못해. 고객들이 진짜 좋아하는 거 몇 개씩만 해주고, 나머지 사소한 것들은 방법만 알려주고 직접 하라고 하거나 아니면 못한다고 얘기해."

"괜찮습니다. 그리고 선배님들이 고객한테 많이 해줘야 고마워서 또 다른 고객을 소개시켜준답니다. 안 그래도 이번에 고객이 고맙다며 소개 많이 시켜준다고 했어요."

"고객들은 말만 그렇게 하지 소개 잘 안 해줘. 진짜 소개해줄 거였으면 그 자리에서 해줬겠지. 그냥 하는 얘기야. 고객들 뒤치다꺼리 하고 다닐 시간에 개척 영업해. 그게 훨씬 빨라!"

"네, 잘 알겠습니다. 고쳐가겠습니다."

대답은 했지만 여전히 그대로였다. 고객들이 부탁하는 별의별 사소한 것까지 직접 나서서 해결해주었고, 회사 잡일 역시 모두 그 친구의 몫이었다. 내가 동갑이고 편해서 그랬던 걸까? 아니면 나만의 영업 방식에 믿음이 없었던 걸까? 회사 실적 1등은 항상 나인데, 다른 사람들 영업 방식을 따라 했다.

그리고 3개월 후 퇴사한 나는 1인 창업을 했다. 그때도 나는 그에게 같이 일할 것을 권유했지만 시작한 곳에서 끝을 보겠다며 거절했다. 그 친구는 그 방식 그대로 1년 정도 더 영업 활동을 하다가 결국 생활고를 이기지 못해 회사를 그만두고 말았다. 그 친구가 1년 동안 거둔 실적은 내 석 달 치에도 못 미쳤다.

그 친구 영업 방식의 제일 큰 문제점은 너무 착하다는 것이었다. 착해서 고객들의 요구를 거절하지 못하고 모든 부탁을 들어주었다. 하지만 이건 착한 게 아니라 만만하고 미련한 것이다. 모두가 착한 사람을 좋아하지만 착하다고 해서 성공할 수 있는 것은 아니다.

영업자의 시간은 곧 돈이다

"호의가 계속되면 권리인 줄 안다."

영화 〈부당거래〉에서 류승범이 했던 명대사다. 고객이 성실하고 착한 영업 사원에게 고마움을 느끼는 것은 잠시뿐이다. 당신이 고객의 부탁에 응할수록 어느 순간부터는 그걸 당연한 권리라 여기며 당신을 만만하게 생각한다.

영업자는 고객에게 서비스를 해주는 것이지 시중을 드는 것이 절대 아니다. 하지만 실적을 위해 조금씩 양보하다 보면 본질이 변해버려 안타까울 때가 많다. 내가 하기 싫은 일이나 무리라고 생각하는 요구에는 당당히 'NO'라고 말해야 한다. 고객과 동료들의 부탁을 들어주기 시작하면 정말 하루 24시간이 부족해진다. 그럼 자연히 개척 영업을 하는 시간이 줄어들 수밖에 없다. 영업자가 실질적으로 새로운 고객 발굴을 위해 일하는 시간이 얼마나 될까?

하루 근무 시간의 절반도 안 된다. 영업자의 시간은 곧 돈이다. 우리가 움직이는 시간이 수익을 창출해내기 때문이다. 직장인은 하루 이틀 아파서 아무것도 안 하고 회사에 앉아 있다고 해서 급여가 깎이지 않지만 영업자는 활동하지 않는 시간만큼 수입이 줄어든다. 그런데 당신은 이 황금 같은 시간을 고객 감동과 신규 소개라는 명목으로 무한정 고객 서비스에 몰두하고 있다.

시간 도둑을 잡아라

처음 1인 창업을 했을 때 내게는 내 업무를 도와줄 사람도, 대신해줄 사람도 없었다. 영업을 다니면서 상담도 해야 하고 서류 작업까지 모든 것을 혼자 처리하다 보니 정신없이 하루가 흘러갔다. 그러다 원치 않게 회사에 하나둘씩 직원이 늘어났다. 아무것도 모르는 '초짜'였기 때문에 그들을 일일이 교육하고 그들의 업무 처리까지 모두 혼자서 해야 했다.

내 업무에 2명의 직원까지 혼자 케어하려니 정말 몸이 두 개라도 부족할 것 같았다. 매일 밤늦게까지 혼자 야근을 했다. 돈과 시간에 자유롭고 싶어 1인 창업을 선택했는데, 개인 시간이 전혀 없는 빡빡한 일정에 빠져버린 것이다. 게다가 직원들에게 시간을 투자하다 보니 개인 영업에 소홀해 그달 내 수입은 600만 원으로 떨어졌다.

나로서는 충격적인 액수였다. 창업 후 최저 수입의 3분의 1도 안 되는 금액이었다. 그때 갑자기 이런 생각이 들었다.

'도대체 무엇이 잘못된 걸까?'

밤새 고민을 하고 다음 날 직원들과 회의를 했다.

"우리가 고객을 만나러 갈 때 평균 왕복 2시간이 걸리는데 계약을 못하면 그 시간을 고스란히 버리는 거잖아. 왜 우리의 황금 같은 시간을 그냥 버려야 하지?"

"그야 당연한 거 아닙니까. 계약을 위한 투자지요. 투자 없이 어떻게 수입이 생깁니까."

"그러니까, 왜 처음 보는 사람한테 우리가 투자를 해야 하냐고?"

나는 계속 왜 그래야 하는지 질문했고, 아무도 대답하지 못했다.

"좋아, 앞으로는 상담하면 무조건 상담료 30만 원씩 받아."

"예? 그건 말도 안 됩니다. 그럼 누가 저희랑 상담해요."

"자신 없으면 상담하러 가지 말고, 무조건 받아와."

직원들의 극심한 반대에도 불구하고 끝까지 밀어붙였다. 많은 시행착오와 수정을 거듭하며 상담료 받는 시스템을 정착시킬 수 있었다. 지금은 나보다 직원들이 더 열심히 하고 좋아하는 제도가 되었다. 기존의 수입에 몇 백만 원의 보너스가 생겼기 때문이다.

영업자에게 시간은 '돈' 그 자체다. 하지만 수많은 영업자가 그 사실을 알면서도 자신의 시간을 허비하고 있다. 당신의 시급이 2만 원이라고 가정하면 10분에 3300원 꼴이다. 만약 당신이 사무실에 멍하니 앉아 휴대폰을 30분 만지고 1만 원을 지불해야 한다면 어떻겠는가? 일하다가 지쳤다고 PC방에서 2시간 놀고 4만 2000원을 지불해야 한다면? '그렇게 빡빡하게 생각하면 아무것도 할 수 없다'고 생각하지 마라. 다른 누군가는 자신에게 주어진 시간을 최대한 쪼개서 효율적으로 사용하며 자신의 가치를 더욱 높이고 있다.

당신의 시급을 1만 원 아니라 100만 원, 200만 원으로 만들고 싶다면 지금부터 스스로 당신 시간의 가치를 인식하고 소중하게 사용하길 바란다.

당신이 허무하게 버린 시간은 다시 돌아오지 않는다. 당신 일하는 시간 1분 1초가 전부 당신의 '돈'이라는 사실을 잊지 말아야 한다.

패자는 공상하고
승자는 행동한다

행동이 생각을 만든다. 그 반대가 아니다.
혁신적인 아이디어를 위해서는 일단 행동해야 한다.
- 조지 입(George Yip)

'패자는 공상하고 승자는 행동한다.'

학창 시절부터 지금까지 나의 좌우명 중 하나인 말이다. 나는 초등학교 때부터 단짝이었던 친구의 컴퓨터 모니터에 포스트잇으로 이 말을 써 붙여주기도 했다. 15년 넘게 나의 좌우명으로 삼고 살았지만 이 말의 출처가 어딘지도 모른다. 궁금해 많은 검색을 해보았지만 나오지 않는 걸로 봐서는 그 당시에 내가 친구에게 해주고 싶은 얘기를 그냥 짧게 만들었던 것 같다. 그 친구는 항상 나한테 이렇게 얘기했다.

"규호야, 나는 생각이 너무 많아서 힘들어! 앞으로 무슨 일을 하면서 먹고살아야 되지? 가난하게 태어나 고등학교도 졸업 못했으니 커서 뭐가 될까?"

인생에 대한 고민과 불안으로 잠 못 이루는 날들이 너무 괴롭다고 했다. 그 친구는 초등학교 때 아버지가 돌아가신 후 기초생활수급자로 생활하는 경제적 사정이 안 좋은 친구였다. 우리 집도 그 친구네와 별반 다를 바 없이 가난했다. 둘 다 어차피 공부는 틀렸다고 생각해 '일찍 돈이나 많이 벌어서 성공하자'는 꿈을 품고 열일곱 나이에 학교를 자퇴했다.

어린 나이였지만 어려운 가정 형편과 자신의 미래를 위해 부자가 되고 싶었다. 하지만 그 친구는 매일 생각만 하고 괴로워했지 정작 일은 하지 않았다. 돈이 떨어지면 아르바이트를 하다 또 그만두고, 결국은 매일 집에서 컴퓨터 게임만 하며 3년이란 시간을 낭비하고는 군에 입대했다.

그때 친구의 모습은 지금 힘들어하는 영업자들의 모습과 비슷하다. 영업자들은 항상 많은 회의를 한다. 또 스스로 새로운 방법론을 구상하고 계획하지만 정작 행동으로 실천하는 것은 드물다. 우리는 매일 실적과 경제적 압박에 시달리고 괴로워하지만 근본적인 원인을 해결하기보다는 당장 쉽게 선택할 수 있는 현실 도피를 하곤 한다.

생각하는 자와 행동하는 자의 차이

나에게 코치나 조언을 구하러 오는 많은 영업자가 억대 연봉 영업자들에게는 자신들이 모르는 굉장히 획기적인 방법이 있을 것이라 생각한다. 하지만 억대 연봉 영업자의 영업 방식도 결국 모든 사람이 알고 있는 아주 단순한 방법이다. 그런데 성과가 다른 이유는 바로 생각하는 자와 행동하는 자의 차이에 있다. 고수 영업자들은 어떤 생각이나 작은 아이디어도 일단 행동으로 옮기고 보는 행동파인 경우가 많다. 생각나는 즉시 계획을 세우고 바로 행동한다. 실패하더라도 포기하지 않고 계속 수정하고 반복한다. 이것이 그들을 고수 영업자로 만들어준 것이다. 행동이나 실천에 관한 명언과 일화는 수천 가지도 넘을 것이다. 제아무리 좋은 아이디어도 행동으로 옮기지 않는다면 그냥 머릿속에 떠도는 공상일 뿐이다. 행동하지 않는 자에게 세상은 어떠한 기회도 주지 않는다.

여기 행동으로 성과를 만들어낸 멋진 일화를 하나 소개하겠다. 세계적인 패션 브랜드를 탄생시킨 '피에르 가르뎅'의 피에르 가르뎅(Pierre Cardin) 회장 이야기다.

그는 어렸을 때부터 아주 독특한 버릇을 가지고 있었는데, 그것은 바로 '동전 던지기'였다. 그는 선택하기 힘든 고민에 빠지는 순간마다 동전 던지기로 결정을 내렸다. 처음 패션업계로 들어온 것도 동전 던지기의 결과였다. 젊은 시절 그는 일생일대의 중요한 결정을 해야 할 순간에 놓였다. 안정적인 현재 일을 위해 파리의 적십자사로 전근을 가느냐, 아니면 새로운 도전을 위해 디자이너 가게에서 일을 하느냐? 그는 동전을 던져 앞면이 나오면 디자이너 숍, 뒷면이 나오면 적십자사에서 일하기로 마음을 먹었다. 결과는 앞면이었고, 이렇게 그는 패션계에 발을 들였다. 그리고 재능을 인정받아 당대 최고의 디자이너 '디올' 밑에서 일하기 시작했다. 스승 디올이 죽고 후계자로 지목받자 그는 또다시 운명의 기로에서 고민했다.

'회사에 남아 디올의 뒤를 잇는 후계자가 될 것인가, 아니면 내 이름을 건 브랜드를 만들 것인가?'

그는 선택의 기로에서 또다시 동전 던지기에 자신의 운명을 맡겼다. 동전의 선택은 디올의 후계자가 아닌 자신의 브랜드를 만드는 것이었다. 그렇게 그는 자신의 이름을 딴 '피에르 가르뎅'이라는 세계적 패션 브랜드를 탄생시켰다. 한 기자가 그에게 말했다.

"회장님께서는 운이 정말 좋으시네요. 매번 동전을 던져서 이렇게 좋은 선택을 할 수 있었으니까요."

"동전 던지기가 좋은 선택을 하도록 만든 게 아닙니다. 어떤 선택이든 일단 결정을 한 후엔 믿음을 갖고 나아갔기 때문입니다."

인생의 중요한 결정을 '동전 던지기'라는 간단한 도박으로 결정한 그가 성공을 이룰 수 있었던 것은 한 번 결정한 일은 믿음을 갖고 최선을 다해 해내는 정신이 있었기 때문이다.

100톤의 생각은 1그램의 행동만 못하다

우리는 살면서 수많은 선택의 기로에 놓이고 고민하게 된다. 그렇게 시간을 허비하고 결국엔 제대로 실천하지도 못하는 일이 대부분이다. '선택' 그 자체가 중요한 것이 아니라 선택을 결과로 또 성과로 만들어내는 믿음과 행동이 중요하다. '무엇을 하느냐'가 중요한 것이 아니라 '누가, 어떻게 하느냐'가 가장 큰 관건인 것이다. 나를 만나는 영업자들은 항상 질문한다.

"도대체 어떤 방법으로 영업을 해야 합니까? 획기적인 방법은 없나요?"

이 질문에 나는 항상 이렇게 답한다.

"그런 방법은 없습니다. 단, 당신이 변화하면 그것이 가장 획기적인 방법입니다."

당신이 매일 하고 있는 그 수많은 생각과 고민은 행동으로 옮겨지지 않는 한 아무런 의미도 없는 공상일 뿐이고, 현실은 절대 변하지 않는다. 일단 생각이 떠오르면 그걸 종이 위에 적고 당장 행동으로 실천해보자. 행동을 해봐야 결과를 알 수 있고, 문제점도 조금씩 보완할 수 있다. 그것만으로 지금보다 몇 배 나은 현실과 마주하게 될 것이다. 제아무리 좋은 생각과 아이디어라도 행동으로 옮기지 않는다면 패자들의 머릿속에 가득 차 있는 실현 불가능한 공상일 뿐이다.

100톤의 생각은 1그램의 행동만도 못하다는 사실을 꼭 기억하자.

4장

내 비밀 노트에 숨겨둔
8가지 필승 전략
Learn and Run

내가 팔고 싶은 것 딱 세 가지만 간추려서 공부하고 판매하라.
그리고 고객에게 설명할 때는 어린아이에게 하듯이
천천히 최대한 요점만 심플하게 전달하라.
셋 중 하나를 걸러내고 둘 중 하나를 선택하게 만들어라.

알면 알수록 매력적인 영업의 12가지 힘

- 영업은 절대 배반하지 않는다.
- 영업을 배우면 밥 굶지 않는다.
- 영업은 학력이나 스펙을 우선하지 않는다.
- 영업은 공평하고 정직하다.
- 영업을 하면 좋은 친구가 많이 생긴다.
- 영업에는 정답지가 없다.
- 월 천만 원 이상을 버는 게 가능하다.
- 영업은 근성을 키워주고 노력은 보상해준다.
- 영업은 내 한계에 선을 긋지 않는다.
- 영업을 하면 수많은 인생 고수와 만날 수 있다.
- 영업은 생각보다 힘이 강하다.
- 영업은 시간에서 자유롭다.

첫인상 5초의 법칙: 가장 멋진 슈트를 입어라

첫인상은 누구도 두 번 줄 수 없다.
그러나 첫인상의 위력은 의외로 막강하다.
- 주디 갈런드(Judy Garland)

우연히 들어간 편의점 한편에 수능 선물인 듯 찹쌀떡과 엿, 휴지 등 여러 가지 물건이 예쁘게 포장된 채로 쌓여 있었다. 마침 수능을 준비하고 있는 사촌 동생이 생각나 이것저것 둘러보다가 제일 예쁘게 포장된 엿 두 개를 구입했다. 그리고 사촌 동생의 집에 들러 선물을 전달하고 집으로 돌아와 한 개 먹으려고 포장지를 뜯은 순간, 이건 정말이지 너무나 황당해 입을 다물지 못했다.

'이런 순 사기꾼들 같으니라구.'

8000원을 주고 산 육각형 모양의 예쁜 선물 상자 속에 개당 500원도 안 되는 작은 엿 4개가 전부였다. SNS를 하지는 않지만 사진을 찍어서 절대 사지 말라고 인터넷에 올리고 싶을 정도의 부실한 내용물이었다. 그러나 내가 샀던 그 제품은 내용물이야 어떻든 유독 예쁘고 화려하게 포장했기 때문에 수많은 제품 중에서 내 선택을 받을 수 있었다.

영업자들도 다르지 않다. 자신을 최고로 멋지게 포장해야 수많은 경쟁자를 제치고 고객에게 자기를 오픈할 수 있는 기회를 제공받는 것이다. 당신이 아무리 좋은 제품을 판매하는 영업자라 해도 고객에게 선택받지 못한다면 당신 본연의 멋진 모습을 보여줄 기회조차 얻지 못하는 것이다.

누구나 새로운 사람을 만날 때 갖는 첫인상은 생각보다 매우 강력하다. 한 번 각인되면 쉽게 변하지 않는다. 그래서 모두 좋은 첫인상을 남기기 위해 자신을 꾸미는 데 많은 노력을 기울이고 있다. 처음 만난 사람의 호감도가 결정되기까지 걸리는 시간은 5초라고 한다. 그래서 이것을 '첫인상 5초의 법칙'이라고 부른다. 당신과 대면하는 그 짧은 순간 고객은 이미 당신이 어떤 사람일 것이라는 판단을 내려버린다는 것이다.

이 짧은 찰나의 순간에 영업의 승패는 50퍼센트 이상 결정된다. 5초라는 시간에 그동안 당신이 준비했던 많은 것에 대한 결과의 50퍼센트가 결정된다는 이야기다. 5초는 아무리 많은 이야기를 한다고 해봐야 인사말도 채 끝낼 수 없는 짧은 시간이다. 결국 이 짧은 시간 동안 당신의 모습과 표정, 짧은 인사말로 고객의 마음을 사로잡아야 한다.

외모를 가꾸는 것은 자신의 가치를 높이는 것

미국 캘리포니아 대학교 심리학과 명예교수인 앨버트 메라비언이 발표한 '메라비언의 법칙'이 있다. 상대방에 대한 인상이나 호감을 결정하는 데

목소리는 38퍼센트, 보디랭귀지는 55퍼센트의 영향을 끼치는 반면 말의 내용은 겨우 7퍼센트만 작용한다는 이론이다. 이는 당신이 고객을 만나 어떤 대화를 나누든 이미 당신이라는 사람에 대한 판단의 83퍼센트를 첫 만남 5초에 결정한다는 얘기다.

나는 영업뿐 아니라 삶 전체에서 겉으로 드러난 모습이 굉장히 중요한 요소라고 생각하기 때문에 외모에 많은 신경을 쓴다. 정장은 항상 내 몸에 딱 맞게 맞춤으로 해 입고, 출근할 때는 잘 다려진 깔끔한 옷을 입는다. 머리를 단정하게 만지고 술과 담배를 즐기기 때문에 하루에도 수십 번씩 가글을 하고 구강 청결제를 뿌린다. 사람에게 첫인상이 얼마나 중요한 요소인지 알기 때문이다.

예전에 세일즈 강의를 듣기 위해 서울로 올라간 적이 있다. 첫 강의였기 때문에 평소보다 조금 더 신경을 썼는데, 코치님이 대뜸 나에게 이렇게 물었다.

"사장님께서는 얼굴에 뭘 바르셨나요?"

내가 대답을 못하고 머뭇거리자 코치가 말했다.

"앞으로 강의 들으러 오실 때는 꼭 BB 바르고 오세요. 기본입니다."

당혹스러웠다. 나름대로 꽤 많은 영업을 경험하며 항상 좋은 성과를 냈고 또 첫인상의 중요성을 알기에 항상 깔끔함을 유지해 외적으로는 부족하지 않다고 생각했다. 그런데 첫 만남에 이런 기본적인 부분을 지적받을 줄이야. 코치님은 계속 강의를 이어나갔다.

"고객이 어떻게 생각하는지 알지도 못하면서 자기 모습에 만족하며 살아가는 영업자가 너무 많습니다. 아직도 어떤 영업자들을 만나면 이게 일을 하러 온 건지 동네 산책을 나온 것인지 모를 때가 많습니다."

실제로 중고차를 판매하는 한 영업 사원은 하루 특강을 통해 옷차림과 헤어스타일, 인사말만 바꿨을 뿐인데 그달에 매출이 30퍼센트 이상 올라갔다고 한다.

강의를 듣는 내내 격하게 공감을 했다. 그래서 지금은 코치님이 시킨 대로 귀찮아도 꼭 잊지 않고 BB를 바르고 출근한다. 그리고 세일즈를 코치하고 직원들을 교육시킬 때마다 겉모습의 중요성에 대해서 꼭 이야기하고, 처음 출근한 직원에게는 직접 매장에 데리고 가 자신의 이니셜이 적힌 맞춤 셔츠를 선물해준다.

'에이~ 남자가 무슨 BB나 바르고 외모에 신경을 써. 그렇게 안 해도 잘하는 사람들 많은데.'

이렇게 생각한다면 당신은 하지 않아도 된다. 맞다. 영업에 정답이 없듯 이렇게 외모에 많은 노력을 하지 않아도 억대 연봉을 받는 영업자가 많이 있다. 하지만 시대가 바뀌었고, 외모의 변화를 통해 영업의 성공률을 올리자는 것이다. 자신의 모습에 5분, 10분 투자하는 것이 귀찮고 별효과가 없을 것이라 생각된다면 하지 않아도 좋다. 어차피 선택은 당신의 몫이니까. 하지만 세상에는 노력 없이 이루어지는 게 없다는 걸 명심하자. 외모를 가꾸는 만큼 당신의 가치도 더 높게 평가받는다.

깔끔한 모습과 힘 있는 목소리, 여유로운 표정

의외로 기본도 지키지 않으면서 영업을 하려는 사람이 꽤 많다. 전날 술을 얼마나 먹었는지 얼굴은 푸석푸석하고, 도대체 언제 다렸는지도 모를

꾸깃꾸깃한 옷을 입고, 머리는 엉클어진 상태 그대로 황급히 출근하는 사람들을 생각보다 꽤 많이 볼 수 있다.

나에게 코치받는 영업자와 직원들에게 항상 해주는 얘기가 있다. 이를테면 지각을 하면 당연히 욕을 먹어야 한다. 출근 시간은 회사의 모든 직원들이 따르는 기본적인 규칙이기 때문이다. 하지만 영업자가 열심히 출근 잘하고 충성한다고 해서 회사가 급여를 더 주지는 않는다. 영업자는 자신이 한 만큼 급여를 받는 프로이다. 그만큼 철저하게 자신의 스케줄을 맞추고 컨디션을 조절해야 한다.

어제 마신 술이 덜 깼다면, 온몸이 피곤에 쩔었다면 그냥 한두 시간 더 푹 쉰 다음 최상의 모습을 갖추고 출근해라. 비몽사몽 흐트러진 모습으로 출근해서 책상 앞에 멍하니 앉아 시간이나 때우다 사우나로 직행할 거라면 차라리 회사에 당당히 전화하고 오후에 출근해서 그때부터 제대로 일해라. 최상의 컨디션으로 고객과 부딪혀도 될까 말까 한 상황에서 흐트러진 모습으로 나와 일하는 것은 차라리 노는 것만 못하다.

고객이 당신을 판단하는 시간은 딱 5초밖에 되지 않는다. 당신의 노력을 물거품으로 만들고 싶지 않다면 그 5초 안에 고객의 마음을 반드시 사로잡아야 한다.

언제나 가장 멋진 슈트를 입어라.

손이 베일 듯 깔끔하게 다린 셔츠와 바지, 그리고 멋진 넥타이에 잘 닦은 깨끗한 구두, 정돈된 머리 스타일, 거기에 시계나 행거칩 같은 멋진 액세서리 하나 정도 갖춘다면 더욱 좋다. 너무 과해서도 안 되지만 그렇다고 너무 없어 보여도 안 된다. 영화나 드라마에 나오는 주인공, 성공한 CEO의 모습을 그대로 이미지 메이킹해라. 멋진 슈트를 입은 깔끔한 모습과 낮고 힘 있는 목소리, 그리고 여유로운 표정과 미소. 딱 이 세 가지만으로도 고객은 당신의 목소리에 귀를 기울이고 마음을 열어줄 것이다.

단순화 법칙: 어렵게 하면 아무도 사지 않는다

단순함은 궁극의 정교함이다.
- 레오나르도 다 빈치(Leonardo da Vinci)

사용하던 노트북이 오래되어 교체하려고 인터넷을 검색하니 무려 20만 개 넘는 제품이 있었다. 아무리 들여다봐도 뭐가 뭔지 알 수가 없었다. 무슨 기능이 그렇게 많고, 또 가격은 왜 이렇게 천차만별인지? 시간 절약을 위해 웬만한 것은 그냥 인터넷으로 구입하지만, 도저히 결정을 내릴 수 없어 직접 대형 매장을 방문하기로 했다. 매장 직원은 내가 알아본 몇 개의 제품 중 내게 알맞은 제품을 추천해주었다. 그리고 정보 과부하로 인해 결정 장애를 겪고 있는 나를 잘 도와 판매에 성공했다.

우리는 지금 정보의 홍수 속에 살아가고 있다. 현대인이 하루에 받아들이는 정보 양은 17세기 평범한 사람들이 평생 동안 받아들인 것보다 많다고 하니 얼마나 심각한 정보의 홍수 속에 살고 있는지를 짐작할 수 있다. 하루에도 수없이 많은 정보가 각종 매체를 통해 미친 듯이 쏟아져 나오고 있다.

과연 우리가 하루 동안 접하는 광고의 양은 얼마나 될까? 〈비즈니스 위크〉에 따르면 현대인은 하루 평균 3000개의 광고를 접한다고 한다. 인터넷과 TV 그리고 각종 신문과 잡지, 길거리에서 수도 없이 보이는 광고. 그만큼 소비자의 선택 폭이 넓어졌고, 동시에 그만큼 선택하기 힘들어졌다. 하지만 그만큼 영업자들이 일하기 더욱 힘들어졌을까? 절대 아니다. 오히려 영업자들은 고객에게 판매하기 더 쉬운 환경이 되어버렸다.

고객들은 물품을 구매하기 전 이미 많은 정보를 알아본다. 너무나 스마트해진 고객들 덕에 더 이상 영업자가 힘들게 제품에 대해 일일이 설명하지 않아도 된다. 이제는 영업자들보다 더 똑똑하고 더 많은 정보를 가지고 있는 고객들을 심심치 않게 만날 수 있게 되었다. 그만큼 이제는 영업자를 찾아온 고객에게 더 쉽고 편하게 판매할 수 있는 환경이 되어버린 것이다.

고객에게는 어린아이에게 설명하듯 하라

고객은 이미 많은 정보를 가지고 있지만 어떠한 이유로 구매를 망설이고 있는 것이다. 영업자는 이제 고객의 그 고민을 찾아내 해결해주기만 하면 된다. 고객의 선택이 얼마나 탁월한지, 얼마나 옳은지만 이야기해주면 된다. 고객이 당신을 찾아온 이유는 자신의 선택이 틀리지 않았다는 것을 증명하고 싶어서일 뿐이다. 고객은 당신 앞에 서서 지금 이렇게 말하고 있는 것이다.

'내가 얼마나 좋은 선택을 하는 것인지 나에게 이야기해주세요. 나한테 이것을 구입할 수 있는 확신을 주세요.'

이미 수없이 많은 검색을 통해 정보를 얻고 지인들에게 물어물어 겨우 마음의 결정을 내리고 온 고객에게 또 이것저것 여러 가지 다른 정보를 주입시키고 궁금하지도 않은 이야기들을 쏟아낼 것인가? 그러면 고객은 다시 혼란에 빠지고 절대로 당신에게 제품을 구입하지 않는다. 이제 우리는 고객의 선택을 돕기만 하면 된다. 고객에게는 어린아이에게 설명하듯 천천히 그리고 아주 쉽고 간단하게 꼭 필요한 요점만 정리해야 한다. 그리고 꼭 이렇게 마무리지어야 한다.

"축하드립니다. 정말 탁월한 선택을 하신 겁니다."

당신 앞에 있는 고객이 듣고 싶어 하는 말은 이것이 전부다. 당신이 어떤 제품을 구입하러 갔는데 영업자가 알아듣지도 못하는 말로 구구절절 설명만 한다면 과연 사고 싶을까? 어렵고 복잡한 것을 좋아하는 사람은 아무도 없다. 최대한 심플하고 단순하게 만들어야 고객은 구매한다.

다음은 뉴욕 컬럼비아 대학의 교수 아이앤가와 마크 래퍼 연구팀에서 진행한 현장 실험 결과다. 캘리포니아의 식품점에 시식대를 만들고 지나가는 고객들에게 다양한 잼을 시식하게 했다. 한쪽에서는 6가지 잼을, 다른 한쪽에서는 24가지의 잼을 맛볼 수 있도록 한 것이다. 결과는 놀라웠다. 24가지 잼이 있는 테이블에서 시식한 사람들의 구매율은 3퍼센트에 그친 반면, 6가지 잼이 있는 테이블에서 시식한 사람들의 구매율은 무려 30퍼센트에 달했기 때문이다.

선택지가 많을수록 인지적 과부하로 인해 변별력이 없어져 구입을 미루거나 또는 구입하더라도 만족도가 떨어진다는 것이 실험 결과다.

지금까지 내가 거쳐왔던 모든 영업 활동에서 나와 함께 동반 상담을 했던 사람들이 항상 하는 말이 있다.

"어떻게 그렇게 상담을 빨리 끝내?"

나는 고객과의 상담 시간이 굉장히 짧다. 10분이 채 걸리지 않고 끝낼 때도 많이 있다. 길어봐야 20분 이상 상담하지 않는다. 그러면 다른 사람들은 놀란다.

"뭐야, 벌써 끝났어?"

나는 낯가림이 심해 말수가 많지도 않고 빙빙 돌려서 말하는 것을 좋아하지 않기 때문에 항상 요점만 간단히 정리해서 이야기해준다. 고객이 꼭 알아야 할 것, 클레임이 발생할 수 있는 요소, 고객이 궁금해하는 것. 딱 이 세 가지만 짧게 간추려 이야기해주면 영업자로서 내 역할은 끝난다. 고객과 나 모두의 소중한 시간을 아낄 수 있어서 좋고, 고객 역시 고민 없이 편하고 쉽게 선택할 수 있어 좋다. 만족도 역시 훨씬 높고 클레임도 없다. 많은 이야기를 해줄수록 고객은 헷갈려 한다. 많은 이야기를 나누다 보면 고객은 결국 자신이 기억하고 싶은 말만 기억하고 그것이 클레임으로 발전한다.

어렵고 복잡하게 만들지 마라

처음 영업을 시작하는 사람이라면 지금부터 내가 소개하는 방법을 써보아라. 당신의 영업에 정말 많은 도움을 줄 것이다. 처음 새로운 일을 시작하면 배워야 할 것이 너무 많다. 최고의 영업자가 되고 싶다면 당연히 자기 분야를 알아야 한다. 자기 회사의 제품과 내용뿐 아니라 경쟁 회사의 제품과 내용 역시 모조리 파악하고 있어야 억대 연봉의 영업자가 될 수 있다. 하지만 처음부터 이 많은 것을 모두 파악해서 영업을 하기란 쉽지 않다.

먼저 내가 팔고 싶은 것 딱 세 가지만 간추려서 공부하고 판매하라. 그리고 고객에게 설명할 때는 천천히 최대한 천천히 요점만 간단하게 제공한다. 그런 다음 셋 중 하나를 걸러내고 둘 중 하나를 선택하도록 한다. 마지막 선택권은 고객에게 넘겨주되 절대 많은 선택지를 주어서는 안 된다는 얘기다.

나는 모든 업종에서 이렇게 영업을 해왔다. 처음 휴대폰 판매사로 일할 때는 가장 비싼 최신 폰, 가장 저가 폰, 그리고 가장 팔고 싶은 폰, 이렇게 세 가지만 공부했다. 고객에게 이 세 가지를 보여주고 가장 마음에 들어 하지 않는 것 하나를 뺀다. 그리고 둘 중 하나를 구매하도록 하는 것이다. 처음 보험 영업을 할 때도 똑같이 했다. 보험은 더 복잡해서 종신보험, 연금보험 딱 두 가지만 공부하고 판매했다.

만약 고객이 다른 상품에 대해 문의하면 그건 내 전문 분야가 아니라 취급하지 않는다고 얘기했다. 그래도 굳이 다른 상품의 가입을 원할 경우에는 그쪽 분야의 전문가를 소개시켜주겠다고 얘기했다. 그러면 "네, 다른 분을 소개해주세요"라고 말하는 고객은 없었다. 고맙게도 모두 나의 소중한 고객이 되어주었다.

고객에게 알려주어야 할 게 너무 많고 궁금증도 풀어주려다 보니 어느새 대화의 요점은 사라지고 서로가 알아듣지 못하는 장황한 이야기만 계속하는 경우가 많다. 하지만 일을 이처럼 어렵고 복잡하게 만들면 아무것도 이루어지지 않는다. 한 번에 '고르디우스의 매듭'을 잘라버린 알렉산드로스 대왕처럼 쉽고 빠르게 그리고 단순하고 심플하게 고객의 욕구를 충족시키자.

더블바인드 기법:
고객의 거절을 거절한다

자신을 믿어라. 자신의 능력을 신뢰하라.
겸손하지만 합리적인 자신감 없이는
성공할 수도 행복할 수도 없다.
– 노먼 빈센트 필(Norman Vincent Peale)

'차를 살까, 말까'를 고민하게 하지 말고 '검은색 차를 살까, 흰색 차를 살까'를 고민하게 해라.

20대 초반 겁 없이 처음 영업을 시작할 때부터 지금까지 머릿속 깊이 각인되어 있는 문구다. 어디에서 읽은 이야기인지는 모르겠지만 아마도 자동차 이야기인 걸로 봐서는 15년 동안 1만 3001대의 자동차를 판전설의 판매왕 조 지라드(Joe Girad) 관련 책에서 본 문구일 거라고 추측한다.

그냥 영업자에게 꼭 필요한 좋은 문구라고 생각했던 이 말이 나중에 영업을 공부하며 커뮤니케이션 기법 중 하나인 '더블바인드(Double-Bind) 기법'이라는 사실을 알게 되었다.

이 기법은 모든 업종을 통틀어 세일즈 화법에서 처음부터 끝까지 계속 사용해야 하는 매우 중요한 핵심이다. 이 기법 하나로 당신의 성과는 2배, 3배 달라질 수 있다.

장사 잘하는 식당 사장의 비밀

예전에 단골로 다니던 소고기 전문점이 있었다. 1인당 5만 원씩 하는 고가의 식당이었지만 음식도 잘 나오고 분위기가 좋아서 사람들과 만날 때 자주 이용했다. 그날은 내 생일이었고, 10명 정도의 지인이 모여 식사와 함께 술을 즐겼다. 여느 때와 마찬가지로 요리를 다 먹었을 때쯤 직원분이 들어와 물었다.

"식사는 냉면, 누룽지, 찌개 이렇게 있는데 어떤 걸로 준비해드릴까요?"

사람들은 원하는 음식을 각자 주문해서 먹었고, 식사를 마친 일행은 다음 장소로 이동하기 위해 밖으로 나갔다. 카운터에서 음식 값을 계산하는데, 생각보다 많은 금액이 나와 평소에는 그냥 버렸던 영수증을 천천히 들여다보았다.

그런데 이게 웬걸, 모두가 공짜인 줄 알고 먹었던 마지막 식사도 계산에 포함되어 있었다. 직원에게 잘못 계산한 것 아니냐고 물어보았지만 "아니"라는 단호한 답변을 듣고 다음 장소로 이동했다. 당연히 공짜라고 생각해 배가 부른데도 아까워서 그냥 시켰던 음식인데 모두 가격에 포함시켰다니 정말 놀라웠다. 그리고 속으로 생각했다.

'사장님이 정말 장사를 잘하는구나!'

누군가는 이걸 손님을 속이는 행위라고 생각하는 경우도 있을 것이다.

하지만 이미 그 집에 만족한 사람들은 나처럼 이렇게 생각할 것이다. '참 장사 잘하는 집'이라고 말이다.

"식사는 따로 금액을 지불해야 하니 원하시는 분들은 말씀해주세요."

만약 이렇게 물어봤다면 다들 배가 부른 상태에서 아무도 먹지 않았을 것이다. 이 가게는 더블바인드 기법을 완벽하게 사용했고, 그로 인해 추가되는 식사와 주류, 음료를 통해 최소한 매출의 15~20퍼센트 이상을 더 올리고 있는 것이다. 물론 이런 부분에 불만을 갖고 다시는 가지 않겠다는 사람도 있겠지만, 그 가게는 여전히 저녁에 예약을 하지 않으면 갈 수 없을 정도로 많은 손님을 끌고 있다.

더블바인드 기법 최고의 장점이자 포인트

우리는 이미 이렇게 일상생활 속에서 이 기법을 많이 접하고 있다. 다만 나에게 맞게 활용하지 못하고 있을 뿐이다.

더블바인드 기법 최고의 장점이자 포인트는 내가 고객의 거절을 먼저 거절한다는 것이다. 이미 판매나 계약이 완전히 이루어졌다는 가정 아래 도입부터 단계적으로 클로징까지 마무리하기 때문에 각 단계를 지날 때마다 닫혀 있는 고객의 마음이 조금씩 열린다. 그 결과 거절할 이유도 타이밍도 없어지는 것이다.

식당에 가서 음식을 주문하면 "술은 어떤 걸로 드릴까요?" 하고 묻는 것처럼 도입 단계부터 당연하게 이미 판매를 완료한 것처럼 자신감 있게 상담해야 한다.

다음은 예전에 자동차 딜러를 코치하면서 해주었던 내용이다. 고객이 두 가지 모델을 놓고 고민한다. 이럴 때 영업자는 고객이 더 관심을 보이는 모델을 캐치해 추천한다.

"고객님의 이미지로 보나 경제적 요건으로 보나 이 모델이 훨씬 더 잘 어울리실 것 같아요. 이 모델 중 색상은 어떤 게 마음에 드시나요?"

이렇게 영업자는 고객이 쉽게 결정할 수 있도록 도와주며 단계를 밟아나가는 것이다. 영업자가 다음 단계의 질문을 던질 때 "아직 결정도 안 했는데 무슨 색을 골라요"라며 트집 잡는 고객은 거의 없다. 오히려 자연스럽게 질문에 대답한다.

"검정색으로 하려고 합니다."

그럼 이야기가 쉬워진다.

"정말 잘 생각하셨습니다. 고객님 이미지가 블랙이랑 정말 잘 어울리시고, 나중에 중고로 판매할 때도 인기 색상이라 가격이 떨어지지 않습니다. 그런데 결재는 할부를 같이 진행하실 건가요, 아니면 카드나 전액 현금으로 진행하실 건가요? 결제 방법에 따라 제가 다른 혜택을 제공해드릴 수 있습니다."

이렇게 또다시 색상에서 자연스럽게 결재 방법을 질문하며 한 단계 더 앞으로 나아간다. 결재 방법에 따라 다른 혜택을 이야기하며 고객의 호기심을 자극한 다음 답변이 이어지면 또 다음 단계로 나아갈 수 있다. 고객이 이미 나에게 구매를 했다고 생각하고 자신감 있게 그리고 자연스럽게 계속 단계를 밟아가며 계약까지 마무리해야 한다. 이 방법에서 반드시 주의해야 할 점은 '선택권'을 꼭 고객에게 주어야 한다는 것이다.

만약 처음부터 끝까지 강하게 밀어붙여 고객의 선택권마저 영업자가 빼

앉는다면 클로징까지 이어지기 힘들뿐 아니라, 판매를 마무리했다 해도 고객의 만족도가 현저히 떨어진다. 그것이 바로 클레임으로 이어지기 때문에 주의해야 한다.

더블바인드 기법의 핵심은 자신감

'앉으면 사는 거다.'

예전에 비데 영업을 할 당시 나는 수첩 맨 앞장에 이렇게 적어놓았다.

내 앞에 앉아 내 이야기를 듣고 나와 대화하는 모든 고객은 당연히 나에게 사야 한다는 의미로 적어놨던 문구다. 항상 이런 마음으로 영업 활동을 하다 보니 이제는 세뇌가 되어서 이것을 당연히 여기고 가끔 계약이 이루어지지 않으면 그게 더 의아할 정도다. 그러면 도대체 내가 고객의 어떤 점을 만족시키지 못했는지 반성하게 된다. 이것이 더블바인드 기법의 핵심 내용이다.

당연히, 아주 당연히 고객은 나에게 무조건 구매한다는 전제를 당신의 마음속 깊은 곳에 깔고 있어야 한다. 조금이라도 자신 없어 하고 주저하는 순간 고객의 열렸던 마음은 다시 닫혀버린다. 영업자인 당신이 자신감에 넘쳐야 하고 무엇을 어떻게 팔든 자연스럽게 고객을 리드해나가야 한다.

조금이라도 '아~ 이게 될까? 지금 여기서 이걸 말해도 될까?' 이렇게 의심하고 걱정해서는 절대 안 된다. 당신이 생각하고 판매하려 하는 모든 것이 당연하다고 생각하고 행동해야 한다. 당신이 더 강하고 자신감 있게 끌고 나갈수록 고객은 더 당신을 믿고 따라온다.

나는 지금 신규 고객들과 상담할 경우 계약 성사 여부와 상관없이 30만 원의 상담료를 따로 받고 있다. 처음 내가 이렇게 한다고 했을 때 다들 "미친놈"이라고 했다. 하지만 나의 소중한 시간을 고객에게 투자했고 내가 아는 지식을 전달해주었으니 당연한 비용이라고 생각하고 요구했다.

처음에는 나 스스로 자신감이 떨어져 이야기를 해도 상담료를 지불하지 않는 고객이 대부분이었다. 하지만 자신감이 생기고 아무렇지 않게 당당히 요구할수록 고객들도 당연하게 비용을 지불했다. 우리 직원들을 가르칠 때도 이 부분이 많이 힘들었다. 다들 처음에 나와 같은 생각을 했다.

"어떻게 상담만 해주고 돈을 받아요!"

직원들 스스로 자신감이 없으니 내가 동반하지 않는 상담에서는 대부분 상담료를 받지 못했다. 그럴 때마다 불같이 화를 내며 말했다.

"네가 그렇게 자신감 없게 행동하는데 고객이 지불하겠어? 나 같아도 지금 네가 상담하고 자문료 달라고 얘기하면 미친놈이라고 생각하지 절대 안 줘! 근데 너 슈퍼에서 물건 사고 그냥 나와? 껌 한 통을 사도 돈을 내잖아. 그런데 우리 시간은 고객에게 무한정 공짜야? 네가 당당하게 요구해야 고객도 당연하게 금액을 지불하는 거야!"

지금은 다들 인식이 바뀌고 습관이 되어 모든 직원들이 상담할 때 나와 동일하게 30만 원의 상담료를 아주 당연하게 받고 있다. 그 수입만 가지고 자신의 한 달 생활비 정도는 해결하니 이 방식에 너무 만족하고 좋아한다.

이 더블바인드 기법의 핵심은 당신의 자신감과 모든 것이 결정됐다는 유리한 포지션이다. 영업자는 고객의 거절을 미리 예방할 수 있는 유리한 포지션을 갖고 있다. 하지만 선택권을 고객에게 넘겨주면서 영업자의 의도대로 판매가 이뤄져도 정작 고객의 만족도는 매우 높다. 영업자 스스로 자신감을 가지고 이 기법으로 고객을 이끌어간다면 누구에게 그 어떤 것도 거절당하지 않고 판매할 수 있을 것이다.

관점 뒤집기: 단점은 가장 좋은 장점이다

때로는 나쁜 일이 아주 좋은 결과를 낳기도 한다
단점을 장점으로 승화시켜라.
- 리오넬 메시(Lionel Messi)

'뭐든지 생각하기 나름이다.'

우리가 살아가면서 몇 번쯤은 들어봤던 이야기일 것이다. 똑같은 일을 겪더라도 받아들이는 사람의 의식과 관점에 따라 세상 모든 일의 결과는 달라진다는 의미를 지닌 말이다. 어렸을 때 아버지께서 나에게 자주 해주셨던 이야기가 있다.

알코올 중독자 아버지 밑에서 자란 쌍둥이 아들이 있었다. 그 아버지는 매일같이 술을 마시고 집에 와서는 폭력을 휘둘렀다. 자식들은 당장 오늘 먹을 끼니를 걱정해야 하는 지독하게 가난한 현실 속에서 살아야 했다. 처참한 현실 속에서 한 아들은 아버지를 보며 '나는 절대 저렇게 살지 않겠다'고 다짐하며 가난을 벗어나기 위해, 성공하기 위해 노력했다. 한편 다른 한 명의 아들은 '이 불공평한 세상, 내가 할 수 있는 일은 없어!'라고 생각하며 자신의 삶을 비관하기만 했다. 세월이 지나 한 명의 아들은 사회적으로 성공해 건강한 삶을 살고, 다른 한 명의 아들은 아버지와 똑같은 알코올 중독자가 되었다.

"규호야, 지금 이 현실이 중요한 게 아니야. 네가 어떻게 생각하고 행동하느냐에 따라 모든 것은 달라지는 거야."

일찍 이혼을 하고 사업 실패로 거리에 나앉게 되었을 때도 항상 이 이야기를 해주셨다. 그때는 '맨날 똑같은 얘기. 지금 처한 이 현실에 대한 핑계고 위로일 뿐이야'라고 생각했지만 지금 와서 생각해보면 그 당시 아버지가 나에게 줄 수 있었던 최고의 가르침이었던 것 같다.

내가 성장하면서 가장 단점이라고 생각했던 지독한 가난과 학창 시절의 방황, 중졸 학력의 콤플렉스가 나를 작가로 만들어주고 많은 사람에게 희망을 이야기할 수 있는, 그리고 1퍼센트의 영업자로 성공할 수 있게 해준 가장 좋은 재료이자 장점이 되었다.

빚쟁이들에게 쫓겨 두 형제가 학교조차 다닐 수 없었던 가난이 나를 더욱 강하게 만들어주었고, 짧은 학력은 나를 쉬지 않고 공부할 수 있게 만들어주었다. 매스컴에서 흔히 볼 수 있는 가난을 이겨내고 성공한 스토리를 자랑하고 싶은 게 아니다. 만약 내가 가난과 고난 없이 부잣집 아들로 태어나 명문대를 졸업하고 영업자로 성공했다면 지금처럼 많은 사람에게 사랑받고 주목받지 못했을 것이라는 얘기다.

나는 내 단점을 스스로 공론화하고 부각시켜 장점으로 바꿨다. 이처럼 영업자들은 언제든지 관점 뒤집기를 통해 최악의 단점을 장점으로 바꿀 수 있어야 한다.

단점을 장점으로 바꾸는 가장 좋은 방법

2015년 말 합정역 7번 출구 근처에 오픈한 '플래져랩'이라는 작은 가게가 하나 있다. 겉으로 보기에는 아주 세련된 카페 같은 분위기지만, 이 가게의 정체는 바로 '섹스 토이 부티크 숍' 즉 흔히 말하는 성인용품점이다. 음침한 분위기에 빨간 불빛, 내부를 들여다볼 수 없게 만든 아웃테리어. 안으로 들어가면 중년 남성의 사장님이 혼자서 앉아 있는 기존의 숍과 달리 아주 밝은 조명 아래 친절한 직원들이 맞이하는 색다른 매장이다. 그리고 이 가게에서 가장 돋보이는 것은 전직 외신 기자 출신의 최정윤 대표와 간호사 출신의 곽유라라는 2명의 여성이다.

이들은 여자라면 절대로 도전하지 않는 분야라고 생각했던 성인용품점에 당당히 도전했고 그 자체만으로 화제가 되었다. 각종 매스컴의 주목을 받으며 수억 원의 연 매출을 올리고 1년도 채 되지 않아 압구정에 2호점까지 개설하며 승승장구할 수 있었다.

나는 이들의 첫 번째 성공 비결은 아무도 도전하지 않는 분야에 과감하게 도전했고, 자신들이 여성이라는 단점을 공론화시키며 강하게 어필해 최고의 장점으로 만든 것이라고 생각한다. 단점을 장점으로 만드는 가장 좋은 방법은 숨기고 감추는 게 아니라 끄집어내 공론화하는 것이다. 아울러 그것을 더욱 강하게 어필하고 마케팅하는 것인데, 플래져랩의 두 공동 대표는 이 방법을 누구보다 효율적으로 사용해 빠른 시간에 성공할 수 있었던 것이다. 과감한 도전과 관점 뒤집기라는 마케팅을 통해 성공한 이 마케팅 천재들의 앞날이 기대된다.

세일즈 코치를 하다 보면 영업자들은 항상 제일 먼저 자기 회사의 단점을 이야기한다.

"저희 회사는 브랜드 파워가 너무 약해요. 인지도가 너무 낮아요."

"저희 회사는 가격이 너무 비싸요."

자기 회사의 단점이 자신의 영업을 힘들게 한다고 한다. 하지만 그건 그 영업자의 생각일 뿐이다. 가격이 비싸다는 단점은 그만큼 고퀄리티라는 장점으로, 인지도가 낮은 단점은 희소성이나 저렴한 가격을 장점으로 만들어낼 수 있다.

세계적인 보험 회사를 다니는 영업자가 자신의 회사는 인지도가 너무 낮다고 고민하고, 2016년 판매량 1위의 수입차 브랜드에 다니는 영업자가 타사에 비해 자사의 할인율이 너무 낮다고 불평한다. 과연 이것이 회사의 단점이고 고민할 문제인가? 당신의 상황은 다르다고 생각할 수도 있지만, 결국 이야기를 들어보면 모두 장점으로 만들 수 있는 것들이다.

관점을 비틀고 뒤집으면 장점이 보인다

내가 경영 컨설팅을 시작하고 얼마 되지 않았을 때였다. 나를 찾아온 고객은 20년 넘게 기업을 운영하며 연 매출 20억 정도를 올리고 대출 하나 없는 탄탄한 중소기업의 여성 대표였다. 일을 시작한 지 얼마 되지 않아 회사의 대표가 함께 미팅에 동반해주었는데, 업무 설명이 모두 끝나자 그 여성 대표가 말했다.

"이야기하신 조건과 혜택은 모두 마음에 들지만, 담당자가 너무 어려 저희 회사를 맡길 수 없습니다. 담당자를 교체해주시면 당장 계약하겠습니다."

담당자를 교체해달라는 말에 당혹스러웠지만 순간 나는 이렇게 대답했다.

"대표님, 제가 어린 나이에 이 일을 할 수 있었던 건 그만큼 능력이 있기 때문입니다. 한 번 맡겨보시고 마음에 들지 않으면 언제든지 담당자를 교체해드리겠습니다."

그리고 우리 회사의 대표도 엄청 능력 있는 친구니 믿고 맡겨보라고 맞장구를 쳐주었다. 그러자 여성 대표는 자신감 있는 모습을 믿어보겠다며 계약을 진행했다. 처음 만났을 때 나를 어리다고 말하는 고객들에게 나는 똑같은 이야기를 해준다. 어린 만큼 능력 있으니 걱정하지 말라고 말이다. 어리다는 단점을 능력이라는 장점으로 바꾸어버리는 것이다.

지금부터 당신이 보고 듣고 생각하는 모든 것의 관점을 당신이 원하는 대로 비틀고 뒤집어보자. 당신의 영업에서 단점은 무엇이라고 생각하는가? 지금 당신이 생각해낸 단점을 종이에 적고 이 모든 것을 장점으로 바꾸어버리자. 그러면 당신은 단점 없는 완벽한 영업을 할 수 있다. 단점 없이 영업을 하는데 실패할 수 있을까?

밴드왜건 효과:
이성도 논리도 없는 최고의 마케팅

> 당신이 훌륭한 경력을 쌓는다면
> 고객들은 그것에 대해 서로 이야기할 것이다.
> 입소문은 굉장한 힘이 있다.
> – 제프 베조스(Jeff Bezos)

2014년 인터넷은 물론이고 뉴스에까지 등장했던 '허니버터칩' 열풍을 다들 기억할 것이다. 사람들은 단돈 1500원짜리 과자 한 봉지를 사기 위해 수없이 많은 마트와 편의점을 돌아다니며 그 과자를 끼워 넣은 전혀 필요도 없는 제품을 구매했다. 심지어 '중고나라'에서는 이 상품을 5배가 넘는 가격으로 거래했다.

사람들은 먹어보지 않았기 때문에 무슨 맛인지도 모르는, 게다가 특별히 사야 할 이유도 없는 과자 한 봉지를 5배가 넘는 가격에 구입했다. 아무런 이유 없이 사람들은 열광했다. 이유를 물어보면 하나 같이 이렇게 대답했다.

"그냥 다른 사람들이 다 사려고 하니까."

학생들 사이에서 '등골브레이커'라고 불렸던 70만 원이 넘는 '노스페이스' 파카 열풍, '처음처럼 순하리' 열풍처럼 '남들이 다 하니까 나도 해야지' 하는 현상을 '밴드왜건(bandwagon) 효과'라고 한다. 이는 많은 사람에게 인기 있는 것, 다수가 지지하는 것에 따라 마음이 움직이는 현상으로 '편승 효과' 또는 '군중 심리'라고도 한다. 현재 존재하는 마케팅 중 단연 최고의 효과를 가져다주는 방법이 아닐까 싶다. 대중의 힘은 생각보다 훨씬 더 강력하다.

자신의 열성 팬을 만들어야 하는 이유

전에 다니던 회사에서 어느 순간부터 동료들이 하나둘 태블릿 PC를 들고 다니며 영업을 하기 시작했다. 많은 자료를 그 자리에서 고객들에게 보여주며 설명하기도 좋은 데다 뭔가 프로페셔널하고 멋져 보였지만 나는 심각한 기계치에 가격이 부담되어 사용하지 않았다. 그런데 시간이 지나자 사무실 직원 모두 태블릿 PC를 사용하기 시작했다. 나만 홀로 왕따가 된 기분이었다.

"규호야, 수첩 들고 다니면서 적기 안 불편해?"

"저는 직접 글로 적는 게 더 좋아요. 기계치라 저런 장비는 싫더라고요. 적성에 맞지도 않고요."

"언제까지 자료 다 일일이 프린트해서 무겁게 들고 다닐 거야? 한 번 써봐 진짜 편해. 폼도 나고."

"알겠습니다. 생각해볼게요."

혼자 태블릿을 쓰지 않으니 뭔가 조직에서 외톨이가 된 느낌이었다. 나는 내가 그 기계를 쓰지 않을 거라는 사실을 잘 알고 있었지만 왠지 모르게 불안했다.

'저걸 쓰면 더 프로페셔널하게 보여서 영업이 잘되는 거 아니야? 나도 이참에 한 번 스마트해져봐?'

많은 사람이 사용하는 데는 나름의 이유가 있을 거라고 생각했다. 그러다 결국엔 회사 사람들이 모두 사용하기 시작한 지 보름도 채 지나지 않아 나도 태블릿을 구입하게 되었다. 이왕이면 제일 좋은 것으로 사야지 하며 필기 기능까지 갖춘 가장 고가의 최신형으로 구입했다.

"끝까지 안 쓴다더니 결국 제일 좋은 걸로 하나 뽑았네. 축하한다."

"요새 영업하려면 이 정도 장비는 써줘야죠. 누가 불편하게 자료 다 들고 다닙니까. 제 것은 필기 기능도 있습니다."

너스레를 떨며 우쭐했다. 사람들과 태블릿에 대한 이야기를 나누자 소속감까지 생겼다. 하지만 역시나 IT 장비는 나랑 맞지 않았다. 2주 동안 사용하고는 불편해서 책상 서랍 구석에 처박아놓았다.

결국 한 달 후 '중고나라'를 통해 75만 원을 주고 산 태블릿을 65만 원에 팔았다. 나에게 아무 필요도 없고 사용하지 않으리라는 걸 알고 있으면서도 분위기에 휩쓸려 구입했던 것이다.

이는 당신이 영업을 하면서 흔히 볼 수 있는 일이며, 톱 클래스의 영업자일수록 자주 경험하는 일이다. 영업자에게 이런 일은 행운의 보너스이며, 지치고 힘들 때 든든한 버팀목이 되어준다. 1퍼센트의 영업자가 되기 위해서는 이런 일이 반복적으로 일어날 수 있도록 자신의 열성 '팬'을 만들어내야 한다.

고객이 스스로 찾아오게 하는 힘

지입 차주들을 타깃으로 대출 영업을 하기 위해 레미콘 회사를 찾아간 적이 있다. 회사 별관에 위치한 휴게실에서 20~30명의 기사분들이 휴식을 취하고 있었다. 워낙 낯가림이 심해 건물 뒤편에 쭈그리고 앉아 '나는 할 수 있다. 나는 할 수 있다'를 수십 번 되뇌며 심호흡을 크게 한 후 판촉물 가방을 메고 당당하게 안으로 들어가 큰 소리로 인사했다.

"안녕하십니까! 기사님들에게 좋은 정보와 사은품을 전달하기 위해 방문한 OO캐피탈 안규호라고 합니다. 편안한 휴식 방해하지 않으면서 조용히 사은품을 전달해드리고 나가겠습니다."

"어이, 잡상인, 우리는 그딴 거 필요 없으니 얼른 꺼져."

대형차를 모는 기사들답게 매우 거칠었다. 들어가서 인사를 막 끝냈을 때 휴게실에 누워 있던 기사 한 분이 던진 말이었다. 나는 부끄럼을 많이 타는 성격이지만 상대가 강하게 나오면 절대 지지 않는 성격이다. '잡상인, 꺼져'라니. 순간 얼굴이 확 달아오르며 당황했다. 그렇다고 맞서 싸울 수도 없어 웃으며 그 기사분에게 다가가 말했다.

"아니, 사장님, '잡상인, 꺼져'가 뭡니까. 섭섭하게. 내가 무슨 말을 할지 알고 꺼지라는 거예요. 나는 사장님들 생각해서 볼펜이랑 포스트잇도 잔뜩 챙기고 사장님들한테 좋은 정보도 잔뜩 가지고 왔는데."

"아, 젊은 애가 말귀를 못 알아먹네. 방해하지 말고 가라고."

"알겠어요. 조용히 돌리고 갈 테니까. 사장님은 받기 싫으면 마세요."

꺼지라는데 오히려 신발을 벗고 옆에 앉아 웃으며 넉살을 부리는 모습에 그 기사분은 기세가 한 풀 꺾였다.

나는 모든 기사님들에게 판촉물과 전단지를 전달하며 말했다.

"지금 비싼 금리 쓰시는 거 있으신가요? 월 몇 프로에 사용하시죠? 급하게 대출이 필요할 때 저한테 연락 주시면 깔끔하게 해결해드리겠습니다."

일일이 붙잡고 이야기를 나누었다. 다른 기사분들은 좀 전의 상황을 보았던 터라 별말 없이 전단지를 받으며 내 이야기를 들어주었다. 그리고 나가면서 나에게 면박을 주었던 기사님에게 "앞으로 내가 뭘 가지고 와도 기사님은 절대 안 드릴 테니까 그렇게 아세요"라고 말하며 웃었다. 하지만 나오자마자 얼굴은 빨갛게 달아올랐고 분노가 치밀어 올랐다.

'그래, 한 번 두고 보자.'

그 후 일주일마다 그 회사를 방문했고, 기사님들과 친해질 수 있었다. 세 번째 방문했을 때 첫 고객이 생겼고, 이어서 두 번째 고객과 계약을 했다. 두 번째 고객은 다름 아닌 나에게 면박을 주었던 그 기사님이었다. 그분은 내 최고의 열성팬이 되어 시원하게 나를 밀어주었다. 회사 동료는 물론 다른 회사의 기사님들까지 많이 소개해주셨다.

그 레미콘 기사 한 분 덕분에 내가 그달에 올린 실적은 우리 팀원 7명이 올린 총 실적보다 많았다.

이는 그 회사에 돈이 필요한 사람들이 있었던 게 아니라 주변의 힘이 작용했기 때문에 가능했다. 한 사람이 입소문을 내고 주변 몇 사람이 동조하자 나중에는 별 필요도 없는데 너도 나도 대출을 받은 것이다.

대중의 힘은 강력하다. 많은 사람이 사용한다는 것, 지인이 사용하고 있다는 것만으로도 소비가 발생하고 신뢰를 얻게 된다. 대중의 힘이라는 것은 결국 인지도이고 입소문의 결과인 것이다. 1퍼센트의 영업자로 가기 위해선 당신을 더 많이 알리고 사람들을 당신의 팬으로 만들어야 한다. 대중의 힘은 고객이 스스로 당신을 찾아와 사게 하는 가장 강력한 무기가 될 것이다.

언어의 힘:
잘 만든 멘트 하나가 매출을 올린다

> 아무리 사소한 말도
> 가장 중요한 말을 하는 것처럼 하라.
> – 발타자르 그라시안

2년 전 어버이날이 다가와 어머니에게 어떤 것을 선물할까 고민하다 요새 많이 광고하고 있는 전신안마기가 눈에 띄었다. 인터넷에서 검색을 해보니 200만 원 정도의 가격대면 살 수 있겠다는 생각이 들었다. 어머니 마음에 드는 제품을 구매하기 위해 어머니를 모시고 직접 매장을 방문했다.

"됐어, 무슨 안마기야. 그냥 밥이나 한 끼 먹자."

어머니는 만류했다.

"괜찮아요. 돈 잘 버는 아들 뒀다 뭐 할 거야. 비싼 거 안 살 테니까 그냥 따라오세요."

한사코 괜찮다고 하시는 어머니에게 허세를 잔뜩 부리며 매장으로 들어갔다. 친절한 담당자의 안내를 받으며 기분 좋게 제품을 체험하고 설명을 받았는데, 제품의 가격이 내가 검색했던 것보다 너무 비쌌다. 200만 원이면 충분히 살 수 있을 것이라고 생각했지만 막상 매장에 와보니 가장 저렴한 것이 200만 원이고 중간 제품도 300만 원 이상이었다. 게다가 최대 800만 원이 넘는 제품까지 있었다. 담당자에게 내가 검색했던 모델을 물어보니 단종되어 더 이상 나오지 않는 제품이라고 했다.

큰소리 뻥뻥 치며 어머니까지 모시고 왔는데 가장 싼 모델을 사드리기는 모양새가 너무 빠지는 것 같고, 그렇다고 예상했던 비용의 2배 넘는 제품을 사드리는 것도 조금 부담스러웠다. 그래서 일단은 그냥 집으로 돌아가고 나중에 인터넷으로 구입해서 선물해야겠다고 마음먹었다. 그런데 이 담당자가 결정권자인 내가 아닌 어머니 옆에서 이야기를 하기 시작했다.

"아드님이 정말 효자시네요. 부모님 모시고 이렇게 직접 매장까지 방문하시고, 이런 고가의 제품을 어버이날 선물로 구입하신다니 정말 자식 키운 보람 있으시겠어요."

"어렸을 때 그렇게 속 썩이다 이제 크니까 효도하는 거야. 그래도 세상에 이만한 아들이 없어. 세상에서 우리 아들이 최고지."

"정말 좋으시겠어요. 요새 사람들 보면 부모님한테 돈 쓰는 거 아까워하는 자식이 얼마나 많은지 몰라요. 진짜 이렇게 든든한 아들 두셔서 너무 좋으시겠어요. 그리고 아드님, 효도하신다고 굳이 비싼 제품 사실 필요 전혀 없어요. 가격만 비싸지 기능은 다 비슷비슷해요. 여기에 이 중간 모델이 기능도 제일 좋고 부모님들 쓰시기에 최고 좋아요."

그냥 나가려고 했지만 어머니께서 아들 자랑에 좋아하시는 모습을 보니 차마 그럴 수 없었다. 결국 담당자가 추천해준 중간 모델을 350만 원에 결제하고 집으로 돌아왔다.

나는 그 담당자 덕에(?) 생각지도 않게 비싼 모델을 구입해 어머니께 선물하게 되었다. 만약 담당자가 결정권자인 나에게 제품에 대한 장점이나 가격의 혜택을 설명하며 설득하려 했다면 "엄마, 그냥 가자. 내가 찾는 모델이 없네. 오늘은 밥만 먹고 내가 인터넷으로 사서 갖다 줄게" 하며 구매하지 않았을 것이다. 하지만 판매자는 '부모님'이라는 도저히 거절할 수 없는 감성적인 부분을 자극했고, 센스 있게 중간 가격대의 모델을 추천함으로써 판매에 성공할 수 있었다. 판매자의 멘트 하나에 제품을 구매하지 않기로 결심한 고객의 마음이 완전히 바뀐 것이다.

고객의 직관을 활용한 의사 결정

이처럼 좋은 멘트 하나가 영업자의 실적을 바꿀 수 있다. 고객의 마음을 바꾸는 좋은 멘트의 요건은 설득의 한 가지 수단인 '휴리스틱(Heuristics)', 즉 고객에게 아주 익숙하고 상식적인, 또 감성적인 부분을 자극해 쉽고 빠르게 결정을 할 수 있도록 만들어야 한다.

윤선길 교수가 쓴 《휴리스틱과 설득》에 따르면 사람들은 어떠한 결정을 내릴 때 이성적인 논리적 판단보다는 경험과 감정에 의한 직관적인 판단에 대부분 의존한다고 한다. 즉 당신이 고객에게 "이 제품의 장점은 이것이며 타사의 제품보다 얼마 더 저렴한 가격에 판매하고 있습니다"라고 말하는 것은 이성적인 논리적 판단을 하게 만드는 것이고 "고객님은 이 제품을 구입함으로써 이렇게 달라지며 주변에서는 당신을 이런 모습으로 바라보게 될 것입니다"라고 상상하게 만드는 것이다. 요컨대 상식적이고 감성적인 부분을 통해 고객으로 하여금 직관적인 휴리스틱을 이용한 의사 결정을 하도록 만드는 것이다.

영업자의 매출을 올려주는 좋은 멘트는 고객을 설득하는 것이 아니라 그 제품을 구매할 수밖에 없도록 판단하게끔 하는 강력한 메시지를 가슴에 심어주는 것이다.

당신의 멘트에 감성을 담아라

예전에 아들과 둘이 저녁거리를 사기 위해 마트를 방문한 적이 있다. 쌀과 반찬 몇 가지를 사고 계산대로 가는 길에 아들이 장난감 코너에서 '또봇' 변신 로봇을 발견하고는 신나게 뛰어가 가지고 놀며 나에게 빨리 오라고 손짓했다. 당시 경제 사정이 최악에 다다랐을 때였다. 장난감을 사줄 돈이 없던 나는 빨리 아들을 데리고 이곳에서 벗어나고 싶었다. "빨리 가자"는 나의 말에 아이는 10분만 더 놀다 가자고 했다. 할 수 없이 아이 뒤에 쭈그리고 앉아 있는데 판매 직원이 다가와 말했다.

"아버님, 아이가 이렇게 좋아하는데 하나 사주셔야겠어요."

그러고 보니 나는 신나게 장난감을 가지고 노는 아들의 모습을 좋아하는 게 아니라, 사달라고 조르지 않을까 하는 불편한 마음을 갖고 있었다. 순간 장난감 하나 사주지 못해 아이의 즐거워하는 모습을 보지 못하는 나 자신이 너무 비참하게 느껴졌다. 아들에게 말했다.

"성준아, 이거 갖고 싶어? 사줄까?"

"아니야. 이제 10분 다 놀았으니까 집에 가자."

아들은 눈을 장난감에서 떼지 못한 채 말했다. 다섯 살도 안 된 아이가 집안 사정을 아는 걸까? 언제부턴가 아이는 나에게 무언가를 사달라고 하지 않았다. 그 모습을 보니 눈물이 쏟아질 것 같았다. 도저히 그냥 갈 수 없어 사주려고 가격을 보니 12만 원이었다. 마음 같아서는 마트에 있는 장난감을 모조리 사주고 싶지만, 이미 신용카드는 정지된 상태고 내 전 재산은 12만 원이 채 되지 않았다. 결국 쌀을 조금 더 작은 것으로 교체하고 5단 합체 로봇 중 하나를 구입한 뒤 집으로 돌아와 원 없이 울었다.

제품을 판매하기 위해 이런저런 장점을 이야기하며 고객을 설득하려고 하지 말고 고객이 제품을 살 수밖에 없게끔 만드는 강력한 메시지를 고객의 가슴에 심어주라. 홈쇼핑을 보면 실버보험이나 암보험을 판매하는 호스트들은 항상 이렇게 이야기한다.

"나의 사랑하는 부모님에게 한 달 2만 원이 아깝습니까?"

어떤 누구도 호스트의 이 한마디를 부정하고 거절할 수 없을 것이다. 당신의 멘트에 고객이 절대로 거부할 수 없는 상식과 감성을 담아라. 순간 고객은 당신에게서 절대로 벗어나지 못할 것이다.

키맨의 효과:
대신 영업해줄 사람을 만들어라

> 타인에게 평소에 잘해라.
> 평소에 쌓아둔 공덕은 위기 때 빛을 발한다.
> – 탈무드(Talmud)

27세의 최연소 백만장자로 기네스북에 오른 폴 마이어(Paul Meyer)는 미국의 보험 세일즈맨이었다. 보험 영업을 시작하기 전까지 무려 50번의 면접에서 탈락하고, 간신히 입사한 회사에서도 말을 더듬는다는 이유로 3주 만에 해고되고 말았다. 겨우 보험 회사에 입사한 후에도 9개월 동안 월평균 87달러라는 형편없는 판매 실적밖에 거두지 못했다. 하지만 폴 마이어는 좌절하지 않았다. 새로운 영업 방식으로 길거리에 앉아 있다가 고급 승용차가 지나가면 차량 번호를 적고, 그 주소를 알아내 직접 방문하며 부유층을 타깃으로 영업 활동을 해나갔다.

그러던 어느 날, 유독 한 명의 대기업 회장만이 바쁘다는 핑계로 폴 마이어를 만나주지 않았다. 몇 번에 걸친 시도가 실패로 돌아가자 폴 마이어는 편지 한 통을 상자 속에 넣고 예쁘고 화려하게 포장한 후 비서에게 전달을 부탁했다. 편지의 내용은 다음과 같았다.

"회장님, 저는 날마다 하늘에 계신 하나님도 만나는데 어째서 회장님은 한 번도 만날 수 없나요? 회장님이 하나님보다 높다는 말씀인가요?"

편지의 내용에 감동한 회장은 폴 마이어를 만나 큰 금액의 계약을 체결하고 자신이 알고 있는 많은 사람에게 그를 소개해주었다. 이 일을 계기로 폴 마이어는 성공가도를 달릴 수 있었다. 단 한 명의 키맨으로 입사한 지 2년 만에 총 400만 달러라는 판매 신기록을 세우고 기네스북에 오른 최고의 세일즈맨이 되었다.

한 명의 키맨이 꼴찌 영업 사원의 인생을 통째로 바꿔놓은 것이다. 누군가 당신을 대신해서 매일 영업해준다면 얼마나 좋을까. 그리고 그런 사람이 한 명이 아니라 수십 명이라면 당신의 영업은 어떻게 변하게 될까?

내가 키맨을 만드는 세 가지 방법

세상에 힘들고 어렵게 일해서 돈을 벌고 싶은 사람은 없을 것이다. 누구나 쉽고 편하게 돈을 벌고 싶어 한다. 영업자를 쉽고 편하게 돈 벌 수 있게 만들어주는 것이 바로 키맨이다. 고객을 당신의 키맨으로 만드는 것도 좋고, 다른 영업자들을 키맨으로 만드는 것도 매우 좋은 방법이다. 최고의 영업자가 되기 위해선 당신에게 좋은 키맨이 많아야 한다. 그래야 영업이 쉽고 재미있어진다.

나 역시 힘들게 영업하고 싶은 생각은 조금도 없다. 그래서 새로운 영업을 시작할 때마다 항상 키맨들을 만들기 위해 노력한다.

나의 키맨을 만드는 방식은 두 가지다. 첫 번째는 온라인에서 나의 키맨을 만드는 것이다. 영업자들이 많이 가입한 인터넷 카페에 가입해 주기적으로 나와 제품을 홍보하는 글을 올린다. 영업인들 카페를 들어가면 자신을 홍보하고 키맨을 맺자는 글이 하루에도 수십 개씩 올라온다. 이제는 모두가 키맨의 중요성을 인식하고 있는 것이다. 경쟁이 치열할수록 더 돋보일 수 있도록 호기심을 자극하고 흥미를 끌 수 있는 제목을 만들어 글을 올린다. 이런 방식으로 주기적으로 글을 올리면 큰 효과는 아니더라도 하나둘씩 문의 전화가 오기 시작한다.

두 번째는 오프라인의 키맨들을 공략한다. 먼저 정확한 타깃을 선정한다. 인터넷과는 조금 다르게 오프라인에서는 정확한 타깃을 선정하고 그들의 입맛에 맞는 조건을 갖춰야 한다. 지금 나에게 최고의 키맨은 고가의 브랜드 기계를 판매하는 영업 사원들이다. 그들은 기업을 상대로 대당 최소 1~5억 하는 제품을 판매하기 때문에 구매력을 지닌 우량 기업들만 상대한다. 하지만 이미 그들에게는 각자의 스타일에 맞는 파트너가 있다. 다른 경쟁자와 파트너십을 맺고 있는 그들에게 신뢰를 쌓고 마음을 얻는 일은 쉽지 않았다.

세 번째 영업을 갔을 때 그들의 반응을 보고 '이 방식으로는 이들의 마음을 얻을 수 없겠구나' 생각했다. 그래서 방법을 바꾸었다. 내가 그들에게 소개를 부탁하니 같은 영업자이면서 나를 꼭 아랫사람 대하듯 했다. '그렇다면 내가 먼저 그들에게 소개를 해주어야겠다.' 그다음부터 고객들의 회사에서 미팅을 할 때마다 기계 브랜드를 확인하고 여러 가지 질문을 했다.

"대표님, OO 브랜드를 사용하시네요. 몇 년이나 쓰셨나요? 만약 OO 브랜드 제품을 또 구매하실 일 있으면 저에게 말씀해주세요."

"왜요? 기계 영업도 같이 하시나봐요?"

"아닙니다. 저희 회사가 OO 브랜드와 제휴를 맺고 있거든요. 저한테 말씀해주시면 훨씬 좋은 조건으로 구입할 수 있으니까 견적 한 번 받아보세요."

"마침 잘됐네. 기계를 알아보려던 참이었는데 견적서나 한 번 줘보세요."

"알겠습니다. 그럼 담당자한테 최고의 조건으로 맞춰서 견적서 보내고 대표님께 전화하라고 얘기해놓겠습니다."

이렇게 나는 미팅이 다 끝나고 마지막에 기계에 관한 이야기를 빼놓지 않았다. 소나타 타는 사람이 벤츠 타고 싶고, 벤츠 타는 사람이 람보르기니 타고 싶은 것처럼 기업의 대표들은 더 좋은 장비에 호기심과 욕심이 있었다. 제품에 대해 문의한 고객들을 영업 사원에게 알려주고, 호기심에 몇 가지 질문한 내용도 일일이 다 영업 사원들에게 전화로 문의해 확인해주었다. 이렇게 내가 먼저 그들에게 도움을 주는 키맨이 되었다.

이런 방식을 통해 진짜로 판매가 이루어진 적은 많지 않았다. 하지만 그들은 꾸준히 먼저 연락하고 자신들에게 도움이 될 것 같은 나에게 마음을 열기 시작했고, 6개월 정도가 지나자 나를 좋게 본 몇 사람이 나의 키맨이 되어주었다. 그리고 지금은 한 달에 꼭 1~2건씩 그들에게 고객을 소개받고 있다. 그리고 계약이 이루어질 때마다 나는 항상 키맨들이 서운해하지 않도록 감사의 표시를 두둑히 한다. 그들은 나를 대신해 영업해주는 최고의 파트너이자 고객이기 때문이다.

키맨은 최고의 영업자로 안내하는 지름길

영업자에게 키맨은 또 다른 고객인 것이다. 항상 키맨에게 영업하는 것을 게을리해서는 안 된다. 그들에게 도움만 받길 기다리지 말고 당신이 먼저 그들에게 도움을 주는 사람이 되어야 한다. 키맨도 고객들과 똑같다. 자신에게 도움이 된다고 생각해야 그들 스스로 당신을 찾아와 키맨이 되어준다. 그리고 키맨이 생겼다면 끝까지 좋은 관계를 유지하는 데 힘써야 한다. 절대로 그들에게 소홀히 하거나 당신의 열정과 가치를 보여주며 신뢰를 쌓는 것을 게을리해서는 안 된다. 한 번 만든 키맨은 당신의 영업이 끝나는 날까지 떠나보내서는 안 된다.

키맨을 당신과 똑같은 영업하는 사람이라고 생각해서는 안 된다. 당신의 최고 VIP 고객에게 영업하듯 똑같이 그들에게도 영업해야 한다. 키맨도 고객들과 똑같이 영업에 의해 만들어지고, 당신이 만든 좋은 키맨 한 명이 당신을 최고의 영업자로 만들 수도 있다는 사실을 꼭 기억하자.

브랜딩:
이제는 셀프 브랜딩이 답이다

호랑이는 죽어서 가죽을 남기고
사람은 죽어서 이름을 남긴다.
- 한국 속담

당신이 어떠한 제품을 판매하려 한다고 치자.

다음 중 어떤 상황에서 가장 손쉽게 많은 성과를 이루어낼 수 있을까?

첫 번째, 당신이 가망 고객을 찾아가 제품의 성능과 혜택, 제품을 구매함으로써 고객이 얻게 되는 가치에 대해 멋지게 설명한다. 두 번째, 제품을 필요로 하는 고객이 지인의 소개나 마케팅을 통해 당신을 찾아와 제품에 대해서 문의를 한다. 세 번째, 제품을 필요로 하며 이미 당신이라는 브랜드를 믿고 꼭 당신에게 구매하고 싶어 찾아온 고객.

물론 세 번째 고객이라고 생각할 것이라 믿는다. 두 번째와 세 번째는 비슷해 보이지만 확연한 차이가 있다. 두 번째 고객은 당신을 찾아왔지만 구매를 하겠다는 결정을 내린 것은 아니다. 제품에 대한 설명과 가격, 혜택 등을 종합해보고 다른 곳에서 구매할 수도 있는 것이다. 하지만 세 번째 고객은 이미 당신이라는 존재를 잘 알고 구매를 결정한 뒤 찾아온 것이다. '꼭' 당신에게 사야만 하는 이유가 존재하기 때문이다.

상위 1퍼센트 영업자들의 톱 시크릿 노하우

영업을 하기 전에 먼저 나를 브랜드화시켜야 한다. 이것이 억대 연봉 영업자들의 톱 시크릿 노하우다. 노브랜드의 1만 원짜리 시계나 명품 브랜드의 100만 원짜리 시계나 들어가는 부품과 사용하는 기능은 비슷하다. 하지만 브랜드라는 마케팅 하나로 100배의 차익을 만들어내는 것이다.

나만의 확고한 브랜드를 확립시키고 고객들에게 마케팅해야 명품이 될 수 있는 것이다. 영업자가 명품이 되어야 고객들의 머릿속에 깊이 각인된다. 정보를 빠르게 공유하는 현대 사회는 예전보다 자신의 브랜드를 만들고 알리기가 훨씬 더 손쉬워졌다. 내가 남들보다 조금만 더 차별화되고 특별한 가치를 지닌다면, 인터넷과 정보 공유를 통해 빠르게 퍼져나간다. 자신만의 브랜드를 만드는 일은 의외로 단순하다.

먼저 '나' 자신에 대해 천천히 생각해봐야 한다. 내가 남들보다 잘하는 것, 나에게만 있는 특별한 것, 삶의 모든 경험 등을 돌아봐야 한다. 내가 잘하고 좋아하는 것이 나를 브랜딩하기에 가장 좋은 재료다. 어렵게 생각하지 말고 단순하고 심플하게 생각해보라. 분명 한 가지는 존재한다.

나의 1인 창업 시스템을 롤 모델로 퇴사를 결심한 뒤 지금은 나와 같은 경영 컨설팅으로 1인 기업을 창업한 분이 계신다. 그분은 나를 만날 때마다 항상 이렇게 묻는다.

"규호야, 앞으로는 어떻게 영업해야 되냐? 좋은 방법 좀 알려줘라?"

조언을 구하며 엄살을 부리지만 이 분이야말로 별것 아니라 생각했던 자신의 경험으로 확고한 브랜드를 손쉽게 구축한 매우 좋은 케이스다. 전직 은행원 출신으로 인맥도 적지 않고 듬직한 외모에 말솜씨 또한 좋아 영업하기에 좋은 조건을 두루 갖추고 있었다. 하지만 조건만 좋다고 영업이 잘되는 건 아니지 않는가. 이분이 6개월 동안 거둔 실적은 제로였다.

하지만 우연한 기회에 자신만의 브랜드를 만들게 되었고, 확실한 포지셔닝까지 자리매김했다. 한 기업의 대표와 미팅 중 거래처 한 곳이 계속 거래를 하고 있다는 핑계로 물품 대금의 결제를 미루고 있다는 사실을 알았다. 그 때문에 자금 회전의 어려움을 겪고 있다는 고민을 들은 그분은 그 문제를 자신이 해결해보겠다고 이야기했다. 은행에 근무할 당시 채권팀 업무를 잠시 맡은 경험이 있었기 때문이다.

다행히 어려운 추심이 아니라 쉽게 일이 진행되었고, 법원 판결을 받기도 전에 물품 대금을 전액 받을 수 있었다. 자금 문제 때문에 고민하던 대표는 자신의 고민을 해결해준 감사의 표시로 그동안 미루어왔던 계약을 체결했고, 이 일을 계기로 그분은 자신을 채권 추심 전문가로 브랜딩했다. 그 결과 지금은 무려 2억이 넘는 연봉을 받는 성공한 기업가로 성장했다. 과거 자신의 경험을 살려 스스로를 브랜딩함으로써 상위 1퍼센트의 영업자로 성공할 수 있었던 것이다.

이처럼 셀프 브랜딩은 생각보다 어렵지 않다. 지금 자신이 하는 업무에 자신의 색깔을 조금만 더 강하게 입히는 것이다. 어떤 일을 하더라도 나만의 색을 강하게 입히면 다른 경쟁자들과 차별되고 개성이 생긴다. 그러면서 점점 자신을 브랜딩화해 나가는 것이다.

스스로 스타를 만들어내는 셀프 브랜딩

나 역시 스스로를 브랜딩하기 위해 많은 연구와 노력을 했다. 수없이 많은 강의를 듣고 세미나를 다니며 나에게 맞는 방법을 고심했다. 덕분에 회사에서는 최고의 영업자로 성공할 수 있었지만 지금의 현실에 만족할 수 없었다. 나는 더 성장하고 싶었고 더 많은 돈을 벌고 싶었다. 대한민국 상위 1퍼센트 아니 0.1퍼센트의 영업자로 성공하고 싶었다. 그러기 위해서는 지금 회사가 만들어놓은 시스템으로는 불가능하다고 판단했다.

경영 컨설팅 회사를 창업하기에는 조금 이른 나이였고 회사와 동료라는 울타리가 없어지는 것이 매우 두려웠지만, 나의 꿈을 위해서는 또 한 번 도전해야 했다. 혼자서 1인 기업으로 창업을 했기 때문에 나를 가르쳐주지도 의지할 사람도 없었다. 하지만 그만큼 더 단단해졌고 자유롭게 나만의 생각대로 회사를 만들어갈 수 있었다. 눈치 볼 필요도 없고 내 계획이 실패한다 해서 손가락질할 사람도 없어 외롭고 쓸쓸하다는 단점을 빼면 장점이 훨씬 더 많았다.

기존의 내 포지션을 버리고 처음부터 다시 만들어나갔다. 경영 컨설팅에 나의 강점인 대출 업무를 새롭게 추가하고 보험이라는 수익 시스템을 접목시켰다. 내가 자신 있는 분야들만 모아 원 스톱 시스템을 구축해 어떤 기업의 대표라도 나와 계약을 맺는다면 이 세 가지 업무를 쉽고 빠르게 처리할 수 있도록 만들었다. 또 나이가 어리다는 단점과 1인 기업의 약점을 보완하기 위해 다른 회사의 전문가들과 제휴를 맺고 규모를 키워 기존 회사에 있던 것보다 더 많은 정보를 취합할 수 있었다.

나는 월세 40만 원짜리 작은 사무실이 전부였지만 셀프 브랜딩을 통해 '비즈니스 지원 센터' 브랜드를 만들고, 대형 회사의 나이는 어리지만 능력 있고 까칠한 팀장으로 또 금융 전문가로 나를 브랜딩시킬 수 있었다. 내가 고객들을 속였다고 생각할 수도 있을 것이다. 하지만 나는 고객들 스스로 회사의 이미지를 상상하고 나를 찾아올 수 있도록 나를 브랜드화시켰을 뿐이다. 그리고 나의 고객들은 이 책을 보고 내가 1인 기업의 대표였다는 사실을 알더라도 아무도 속았다고 생각하지 않을 것이다. 이미 나와 우리 회사의 업무 처리와 시스템에 충분히 만족하고 나와 좋은 관계를 맺고 계시니 말이다.

마침 이 원고를 쓰는 오늘 몇 개월 만에 기존 고객에게서 연락이 와 어떻게 계약하고 한 번도 안 들를 수 있느냐고 나무라서 방문을 했다. 별다른 용무는 없고 그냥 얘기나 하자고 부르셨는데, 온 김에 점심이나 먹자고 하기에 일정이 있어 식사는 다음에 하자고 하자 그럼 차비라도 받아가라며 10만 원을 내 상의 주머니에 넣어주셨다. 이런 분이 내가 대형 회사 소속이 아닌 1인 기업의 대표라고 해서 나에게 속았다고 화를 내실까? 오히려 혼자서 그 많은 일을 다 했느냐며 더 좋아해주실 거라 생각한다.

대한민국 최고의 브랜드 파워를 자랑하는 회사는 '삼성'일 것이다. 삼성에 다니는 직장인들은 스스로의 브랜드가 없기 때문에 다른 사람들에게 자기 자신이 아닌 회사를 내세운다. 하지만 최고의 위치에 오른 스타나 연예인, 영업인들은 사람들에게 굳이 자신이 어느 회사에 소속되어 있는지 이야기하지 않고 사람들도 별 관심이 없다. 그들은 이미 스스로 최고 브랜드가 되었기 때문이다. 스스로를 스타로, 브랜드로 만들어낸 것이다. 이것이 바로 셀프 브랜딩이다.

셀프 브랜딩은 상위 1퍼센트의 톱 세일즈 영업의 노하우다. 아무도 당신을 브랜드화시켜주지 않고 당신의 가치를 높여주지 않는다. 스스로 자신에게 최고의 가치를 부여하고 그에 맞는 행동과 노력을 동반해야 진정한 셀프 브랜딩이 완성되는 것이다. 고객들은 명품에 열광하지만 브랜드 없는 시장 상품에는 열광하지 않는다. 스스로 브랜딩하지 않고 경력이 쌓이면 저절로 브랜드화될 것이라고 생각해선 절대 안 된다.

당신이 여태껏 쌓아온 최고의 경험과 실력, 성과 그 무엇도 그리고 다른 어느 누구도 당신을 브랜드로 만들어주지 않는다. 당신 스스로 만들어낸 셀프 브랜딩의 파워가 당신을 최고의 브랜드로 그리고 최고의 영업자로 만들어줄 것이다.

바보는 늘 같은 실수를 되풀이한다.
똑똑한 사람은 늘 다른 실수를 한다.

-어니스트 헤밍웨이(Ernest Hemingway)

나는 인생에서 알아야 할
모든 것을 영업에서 배웠다

1판 1쇄 발행 2017년 3월 31일
1판 11쇄 발행 2023년 2월 20일

지은이 안규호
발행인 허유형
펴낸곳 (주)황소미디어그룹
주소 서울 마포구 합정동 381-16번지 KCC엠파이어리버 704호
전화 02 334 0173 **팩스** 02 334 0174
홈페이지 www.hwangsobooks.co.kr
이메일 hwangsobooks@naver.com
등록 2009년 3월 20일(신고번호 제 313-2009-54호)

ISBN 978-89-97092-71-0(13320)

ⓒ 2017 안규호

* 황소북스는 (주)황소미디어그룹의 출판 브랜드입니다.
* 이 책은 (주)황소미디어그룹이 저작권자와의 계약에 따라 발행한 것이므로
  본사의 서면 허락 없이는 어떠한 형태나 수단으로도 이 책의 내용을 이용하지 못합니다.
* 잘못된 책은 구입하신 서점에서 바꾸어 드립니다.
* 책값은 뒤표지에 있습니다.